Viktoria Fenzel

CSR in der Modebranche

Anspruch und Wirklichkeit von Corporate
Social Responsibility in der Textilindustrie

Diplomica Verlag GmbH

Fenzel, Viktoria: CSR in der Modebranche. Anspruch und Wirklichkeit von Corporate Social Responsibility in der Textilindustrie, Hamburg, Diplomica Verlag GmbH 2018

Buch-ISBN: 978-3-96146-610-8
PDF-eBook-ISBN: 978-3-96146-110-3
Druck/Herstellung: Diplomica® Verlag GmbH, Hamburg, 2018

Bibliografische Information der Deutschen Nationalbibliothek:
Die Deutsche Nationalbibliothek verzeichnet diese Publikation in der Deutschen
Nationalbibliografie; detaillierte bibliografische Daten sind im Internet über
http://dnb.d-nb.de abrufbar.

© Diplomica Verlag GmbH
Hermannstal 119k, 22119 Hamburg
http://www.diplomica-verlag.de, Hamburg 2018
Printed in Germany

Gender Erklärung

Aus Gründen der besseren Lesbarkeit wird in diesem Buch das Binnen-I (Beispiel: LeserInnen) angewendet. Es wird an dieser Stelle darauf hingewiesen, dass die Verwendung dieser Form geschlechtsunabhängig verstanden werden soll.

Danksagung

Mein Dank gilt allen Menschen, die mich tatkräftig unterstützt und motiviert haben. Besonders möchte ich mich herzlich bei Frau Prof. Dr. Sabine Quarg bedanken. Sie übernahm die Erstbetreuung und unterstützte mich durch ihre hilfreichen Anregungen und Ratschläge. Zudem gilt mein Dank auch Herrn Prof. Dr. Johannes R. Hofnagel, der mir als Zweitprüfer zur Verfügung stand. Abschließend möchte ich mich bei meiner Mutter bedanken, die mir mein Studium durch ihre Unterstützung ermöglicht hat.

Zusammenfassung

Der Einsturz der Textilfabrik Rana Plaza in Bangladesch am 24. April 2013, der über 1.000 Menschenleben forderte, sorgte für große Aufruhr. Das ist bis heute das größte Unglück in der Geschichte der Modeindustrie. Den Menschen wurde bewusst, unter welchen prekären Arbeits- und Sicherheitsbedingungen unsere Kleidung hergestellt wird. Forderungen nach mehr Transparenz von Unternehmen und Verantwortung für ihr wirtschaftliches Handeln werden lauter. Es geht besonders um die gesellschaftliche Verantwortung von Unternehmen, die sogenannte Corporate Social Responsibility (CSR). Die Untersuchung der vorliegenden Arbeit geht der Frage nach, ob und wie Unternehmen der Modebranche, gesellschaftliche Verantwortung übernehmen. Ob ausreichend glaubwürdige CSR-Maßnahmen seitens der Unternehmen ergriffen werden oder ob es sich lediglich um Greenwashing handelt. Die Untersuchung basiert auf einer Literaturanalyse sowie der Bewertung von CSR Glaubwürdigkeit am Beispiel des Modelabels Esprit. Anhand eines Scoring Modells wurden interne CSR Versprechen von Esprit sowie externe Beurteilungen miteinander verglichen. Im Ergebnis wird deutlich, dass bei Esprit starker Handlungsbedarf in ökologischen, ökonomischen und sozialen Aspekten besteht und das Unternehmen für mehr Transparenz und Offenlegung von Informationen sorgen müsse.

Abstract

The collapse of the textile factory Rana Plaza in Bangladesh on April 24, 2013, which demanded more than 1,000 people's lives, caused huge turmoil. This is the biggest misfortune in the history of the fashion industry. People became conscious of the precarious terms of employment and safety conditions our clothes are produced. Demands for more transparency of companies and responsibility for their economic action are getting louder. It is particularly about the social responsibility of companies, the so-called Corporate Social Responsibility (CSR). The investigation of the bachelor's thesis follows the question of how companies of the fashion industry take on social responsibility. It is also important to clarify whether sufficient CSR measures are taken by companies or whether it concerns merely greenwashing. The study is based on a literature analysis as well as the assessment of CSR credibility by the example of the fashion label Esprit. On the basis of a scoring model, Esprit's internal CSR promises as well as external assessments were compared. The result clearly shows that there is a strong need for action at Esprit in ecological, economic and social aspects and that the company should provide more transparency and disclosure of information.

Inhaltsverzeichnis

Abbildungsverzeichnis

Tabellenverzeichnis

Abkürzungsverzeichnis

ACT	Action, Collaboration, Transformation
AFIRM	Apparel and Footwear International RSL Management
AGG	Allgemeine Gleichbehandlungsgesetz
B.A.U.M.	Bundesdeutsche Arbeitskreis für Umweltbewusstes Management
BCI	Better Cotton Initiative
BMAS	Bundesministerium für Arbeit und Soziales
BMUB	Bundesministerium für Umwelt, Naturschutz, Bau und Reaktorsicherheit
BMWi	Bundesministerium für Wirtschaft und Energie
BMZ	Bundesministerium für wirtschaftliche Zusammenarbeit und Entwicklung
BSCI	Business Social Compliance Initiative
CAP	Corrective Action Plan
CC	Corporate Citizenship
CCC	Clean Clothes Campaign
CG	Corporate Governance
CmiA	Cotton made in Africa
CSR	Corporate Social Responsibility
FEMNET	Feministische Perspektiven auf Politik, Wirtschaft & Gesellschaft
FSC	Forest Stewardship Council
GRI	Global Reporting Initiative
ICN	India Committee of the Netherlands
IFH	Institut für Handelsforschung
IIRC	International Integrated Reporting Council
ILO	International Labor Organization
ISO	International Organization for Standardization
KKP	Kaufkraftparität
KMU	Klein- und mittelständische Unternehmen
LOHAS	Lifestyles of Health and Sustainability
MOU	Memorandum of Understanding
MRSL	Manufacturing Restricted Substances List
MSI	Multi-Stakeholder-Initiative
NGO	Non-Governmental Organization
NKS	Nationale Kontaktstellen

NPE	Nonylphenolethoxylate
NPO	Non-Profit Organization
NRO	Nichtregierungsorganisatio
OECD	Organization for Economic Cooperation and Development
PAN	Pestizid Aktions-Netzwerks
PFC	Per- und polyfluorierte Chemikalien
RDS	Responsible Down Standard
RSL	Restricted Substances List
SAC	Sustainable Apparel Coalition
SAI	Social Accountability International
SEA	Sustainable Entrepreneurship Award
SOMO	Centre for Research on Multinational Corporations
TBL	Triple-Bottom-Line
WTO	Word Trade Organization
WWF	World Wildlife Found for Nature
ZDHC	Zero Discharge of Hazardous Chemicals

1 Einleitung

1.1 Ausgangssituation und Problemstellung

Ein T-Shirt für unter fünf Euro kaufen zu können, wäre vor geraumer Zeit nahezu unvorstellbar. Heutzutage bietet die schwedische Bekleidungskette H&M genau ein solch günstiges T-Shirt an. Seit Jahren wird Alltagskleidung in Deutschland immer günstiger. Die Modewelt wird beherrscht von führenden Textilhandelsunternehmen (H&M, Zara, C&A, etc.), die nach dem Prinzip der Fast Fashion handeln. Immer informiert, stylisch und schnell sein, dem Trend ein Stückchen voraus zu sein. Das ist Fast Fashion, „[...] ein spezifisches Produktions- und Vertriebssystem für massenproduzierte Modewaren [...]" (MKG 2015: 1), die zu Niedrigpreisen verkauft werden. Der Preis erlaubt es den KonsumentInnen sich mehr und häufiger Kleidung zu kaufen, als sie tatsächlich benötigen. Etwa vierzig Prozent der gekauften Kleidung wird nie getragen („Fast Fashion" 2016). Die meisten Bekleidungsstücke werden in Niedriglohnländer wie China, Indien, Bangladesch oder Kambodscha kostengünstig produziert. Die teilweise unter unmenschlichen Arbeitsbedingungen produzierte Ware, einschließlich Überstunden und dem Einsatz giftiger Chemikalien, werfen Schattenseiten auf die gesamte Modebranche. Betrachtet man die Preiskalkulation eines 4,95 Euro T-Shirts (Abbildung 1), so entfallen lediglich ein Prozent auf den Lohn für die Textilarbeiter in den Niedriglohnländer. Der Preis eines solchen T-Shirts setzt sich aus Transportkosten, Materialkosten, Markenwerbung sowie Gewinn und Kosten des Einzelhandels zusammen. H&M würde demnach für Rohstoff, Herstellung und Transport eines T-Shirts insgesamt etwas mehr als 1,40 Euro bezahlen (Uchatius 2010 o. S.). Warum kaufen die VerbraucherInnen ein T-Shirt, das kaum mehr kostet als ein Cappuccino? Wären die KonsumentInnen auch bereit, das Doppelte oder Dreifache des Preises zu zahlen, wenn dafür die TextilarbeiterInnen angemessen entlohnt werden würden?

Einzelhandel

Markenfirma

25%

50%

Herstellung

11% 13%

Transport

1%
Lohn

Abbildung 1: Preiszusammensetzung eines T-Shirts

Quelle: Brinkmann (2013 o. S.)

Im Zeitalter der Fast Fashion wird günstige Kleidung in Übermaße gekauft, kurz oder nie getragen und anschließend entsorgt. Die Herstellung dieser Bekleidung verzeichnet einen enormen Ressourcenverbrauch und geht mit einer hohen Umweltbelastung einher. Im Produktions- und Verarbeitungsprozess werden eine Vielzahl an Chemikalien eingesetzt, um der Kleidung eine gewisse Ästhetik zu verleihen oder sie mit funktionalen Eigenschaften auszustatten (MKG 2015: 2). Vor diesem Hintergrund stellen sich die Fragen: Wird Fast Fashion weiterhin ein fester Bestandteil der heutigen Modebranche sein? Wie kann ein T-Shirt heute weniger kosten als ein Kaffee um die Ecke? Welche Verantwortung tragen die KonsumentInnen und sind sie bereit an ihrem Konsumentenverhalten etwas zu verändern? Im Zuge des gesellschaftlichen Wandels achten VerbraucherInnen nicht mehr nur auf den Preis oder auf die Qualität eines Kleidungsstückes, sondern zunehmend auf das soziale und ökologische Engagement eines Unternehmens. Ob das Unternehmen auch gesellschaftliche Verantwortung übernimmt (Corporate Social Responsibility) und für eine menschengerechte Wertschöpfung entlang der gesamten Produktions- und Lieferkette sorgt (BMAS 2011). Die umstrittene Entwicklung von Fast Fashion und die extern kommunizierte unternehmerische Verantwortung stellen die Glaubwürdigkeit der Modeunternehmen in Frage. Zu viele negative Schlagzeilen in den Medien, wie der Einsturz der Textilfabrik Rana Plaza in Bangladesch am 24. April 2013, bei dem mehr als 1.000 Menschen starben, sind für das Misstrauen der KonsumentInnen verantwortlich. Folglich stehen Unternehmen vor der schwierigen Aufgabe, ihre nach außen kommunizierten CSR-Maßnahmen mit den verheerenden Gegebenheiten in der Textilbranche zu erklären und damit die Glaubwürdigkeit der Kunden und Kundinnen wieder zu gewinnen.

1.2 Zielsetzung und Aufbau der Arbeit

Ziel dieser Arbeit ist es die Glaubwürdigkeit von CSR-Maßnahmen der Textilindustrie zu untersuchen. Vorrangig soll der internationale Modekonzern Esprit analysiert werden. Aus den gewonnenen Erkenntnissen der Untersuchung werden soziale und ökologische CSR-Maßnahmen zur Verbesserung der Unternehmensperformance des Modekonzerns Esprit abgeleitet. Hauptaugenmerk liegt in der folgenden Forschungsfrage:

- Wie glaubwürdig ist das CSR-Engagement des Modeunternehmens Esprit?

Aus dieser Hauptfrage leiten sich untergeordnete Fragestellungen ab:

- Bestehen Widersprüche zwischen kommunizierten CSR Aktivitäten des Mode konzerns Esprit und externen Berichterstattungen?
- Inwieweit ist der Konsumentenverhalten der heutigen Gesellschaft für die Pro blematik verantwortlich?
- Welchen Herausforderungen um die CSR Problematik wird sich die Textilindustrie zukünftig stellen müssen?

Nach der Einführung an das Thema und das vorliegende Buch, werden im zweiten Kapitel die Bedeutung der Textilindustrie samt ihrer Wertschöpfungskette sowie künftige Trends in der Textil- und Bekleidungsbranche in Deutschland erläutert. Zudem wird der Konsument von Textilien näher betrachtet, besonderer Augenmerk soll auf die Zielgruppe LOHAS gerichtet werden. Darauf folgend werden die für das Thema relevanten Grundlagen und Begrifflichkeiten von CSR und Nachhaltigkeit erklärt. Danach soll der Handlungsrahmen von CSR sowie deren Maßnahmen dargestellt weden. Um die Glaubwürdigkeit des CSR-Engagement von Modeunternehmen zu untersuchen, werden interne Versprechen seitens der Unternehmen und externe Beurteilungen gegenübergestellt. Den Bezug zur Praxis liefert das Modelabel Esprit im vierten Kapitel. Dabei sollen explizit auf interne Versprechen von Esprit sowie externe Bewertungen eingegangen werden, um abschließend das CSR Engagement von Esprit bewerten zu können. Zum Schluss wird die Arbeit mit einem Fazit beendet.

1.3 Methodik

Das Buch basiert auf Literaturrecherche. Die Arbeit beinhaltet die Auswertung wissenschaftlicher Fachliteratur, Berichte in Zeitschriften sowie Zeitungsartikel. Zudem wurde mit Hilfe der Internetrecherche unternehmensbezogene Informationen, Nachschlagewerke und aktuelle Studien von Nichtregierungsorganisationen herangezogen. Für die Bewertung der Glaubwürdigkeit des CSR-Engagement von Esprit wird die Nutzwertanalyse angewendet, die auf qualitative Bewertungskriterien basiert. Auf die Methodik der Vorgehensweise wird im vierten Kapitel näher eingegangen.

2 Grundlagen und Definitionen

Die Textil- und Bekleidungsindustrie teilt sich in drei Hauptgruppen auf: Bekleidungstextilien (40 %), Heim- und Haustextilien (30 %), zu denen u. a. Gardinen, Tep-
pichböden und Möbelbezüge gehören. Technische Textilien (30 %) beinhalten alle In-
dustrietextilien und Funktionsbekleidungen, die nicht zur allgemeinen Bekleidung
gehören. Darunter fallen beispielsweise Arbeitsschutzkleidung sowie Produkte für den
Automobilbau an (Gesamtverband textil+mode 2012: 5).

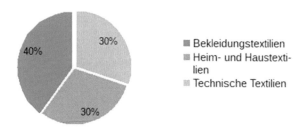

Abbildung 2: Erzeugnisse in der Textil- und Bekleidungsindustrie

Quelle: Eigene Darstellung

2.1 Bedeutung der Textilindustrie

Gemessen an den Exporten ist die Textil- und Bekleidungsindustrie die viertgrößte
Konsumgüterbranche der Welt (Gries 2014: 23). Etwa 75 Prozent des gesamten Expor-
tes stammen aus den Mitgliedstaaten der Europäischen Union, die zu den wichtigsten
Handelspartner der deutschen Textil- und Bekleidungsindustrie zählen (BMWi o. J.).
Nach Angaben des Gesamtverbands textil+mode erzielte die deutsche Textil- und Be-
kleidungsindustrie im Jahr 2015 einen Umsatz von 17,42 Milliarden Euro. Hierbei sind
Betriebe mit mehr als fünfzig Mitarbeitern berücksichtigt worden (Hofstetter 2016).
Damit gehört die Textilbranche zu den wichtigsten und leistungsfähigsten Industrie-
branchen unserer Zeit (Umweltbundesamt 2014). Im Bereich technischer Textilien ist
Deutschland Weltmarktführer und erwirtschaftet einem Umsatz von 13 Milliarden Euro
im Jahr (Gesamtverband textil+mode). Die Exportquote technischer Textilien beträgt 43
Prozent. Aufgrund der innovativen textilen Materialien und Erzeugnisse entsprechen sie

den hohen industriellen Anforderungen. Die technischen Textilien werden z. B. für die Schalldämmung in Fahrzeugen oder im Rumpf von Verkehrsflugzeugen verwendet. Mit diesen leistungsfähigen Materialien erwirtschaften die deutschen Textilhersteller jeden zweiten Euro (Lehnfeld 2013: 2).

Während der Bereich technischer Textilien auf Erfolgskurs ist, befindet sich die einheimische Bekleidungsindustrie im Umbruch (Rohrer 2013). Die Umsätze der deutschen Bekleidungsindustrie sanken im Jahr 2015 um 0,3 Prozent auf etwa zwölf Milliarden Euro (Hofstetter 2016: 1). Weltweit beträgt der Umsatz im Segment Bekleidung im Jahr 2016 etwa 198.025 Mio. Euro (Statista 2016). Laut Prognose wird im Jahr 2021 ein Marktvolumen von 382.961 Mio. Euro erreicht; jährlicher Umsatzwachstum von 14,1 Prozent (ebd.). Traditionelle Multi-Label-Fachhändler (Peek & Cloppenburg, Breuninger, Görtz etc.) und Kaufhäuser mit vielfältigem Markenangebot mussten zwischen 2000 und 2015 einen Umsatzrückgang von bis zu 37 Prozent in Kauf nehmen (Hofmann 2016). Ursachen für den schwachen Umsatzanteil sind nicht zuletzt Online-Händler wie Zalando und sogenannte Vertikalisten. Zu Letzteren gehört allen voran das schwedische Textilhandelsunternehmen H&M sowie der spanische Konzern Inditex, zu dem Marken wie beispielsweise Zara, Bershka und Massimo Dutti gehören. Die Vertikalisten sind in erster Linie Händler, die ihre Produktion selbst steuern und gleichzeitig vertreiben. Aufgrund dieses Geschäftsmodells profitieren sie von vielen Direktkäufen und Kostenvorteilen, die ihnen wiederum eine flexible Preisgestaltung ermöglicht (Hofmann 2016).

Ein weiterer Grund für die Stagnation im Textileinzelhandel ist das Konsumverhalten. Die VerbraucherInnen können heutzutage bei gleichem Einkommen mehr modische Kleidung zu niedrigeren Preisen kaufen. Nicht zuletzt konnte sich der Billiganbieter Primark, mit bis zu 21 Filialen deutschlandweit, auf dem Textilmarkt etablieren. Woher kommt diese günstige Kleidung? Mehr als fünfzig Prozent der nach Deutschland importierten Ware stammt aus China, der Türkei und Bangladesch (Neugebauer/Schewe 2014). Der Importwert belief sich im Jahr 2011 auf etwa 14 Milliarden Euro. China ist mit einem Importvolumen von acht Milliarden Euro der Vorreiter, gefolgt von der Türkei mit drei Milliarden Euro und Bangladesch mit zwei Milliarden Euro (Rohrer 2013 o. S.). Etwa neun von zehn in Deutschland gekauften Kleidungsstücken stammen aus solchen Niedriglohnländer (ebd.). Aufgrund des weltweiten Wettbewerbs- und Kostendrucks werden besonders arbeitsintensive Fertigungsverfahren wie das Zuschneiden und Nähen von Kleidungsstücken in die Niedriglohnländer verlagert (Fröhlich/Bächstädt

2010). Besonders die osteuropäischen Staaten sowie der asiatische Raum bieten lukrative Investitions- und Kosteneinsparungsmöglichkeiten an (Nedeß/Barck 2012). Lediglich „kapital- und wissensintensive" (Fröhlich/Bächstädt 2010: 3) Funktionsbereiche wie Forschung & Entwicklung, Marketing, Vertrieb, Logistik, Design sowie die Endverarbeitung / Veredelung werden in Deutschland fortgeführt (Fröhlich & Bächstädt 2010: 3-4). Besonders betroffen von dem Strukturwandel in der Bekleidungsbranche sind sowohl die Bekleidungsunternehmen als auch die MitarbeiterInnen. Die Anzahl der Bekleidungsunternehmen in Deutschland sank von 415 im Jahr 2006 auf etwa 355 in 2009, ein Rückgang um 15 Prozent. Auch die Mitarbeiteranzahl schrumpfte innerhalb von drei Jahren um etwa 11 000 auf rund 30 000 (ebd.). Einzelne Kaufhausketten wie Woolworth, Hertie und Karstadt mussten seit 2008 sogar Insolvenz anmelden (Fröhlich/Bächstädt 2010). Was bleibt ist die Frage nach der Zukunft der Textil- und Bekleidungsindustrie. Im Zuge des drastischen Strukturwandels, verursacht durch den Wettbewerbsdruck und der Beschleunigung der Mode- und Produktzyklen, stehen viele Unternehmen vor großen Herausforderungen.

2.1.1 Die zukünftigen Textil- und Bekleidungstrends in Deutschland

Die Modebranche befindet sich in einem Strukturwandel. Infolge des demografischen Wandels in Deutschland werden die Kunden und Kundinnen immer älter. Der stetige Zuwachs des Onlinehandels sowie der Vertikalisierung gewinnen immer mehr an Bedeutung (KPMG 2015). Diese und andere strukturelle Veränderungen stellen die Modefachhändler vor zukünftigen Herausforderungen. In diesem Kapitel sollen mögliche Entwicklungen und Zukunftsbilder des Modemarkts für das Jahr 2025 aufgezeigt werden. Dabei sollen folgenden Einflussfaktoren analysiert werden:

- Auswirkungen des demografischen Wandels auf den Modekonsum
- Fast Fashion versus Nachhaltigkeit
- Bedeutung des Onlinehandels und der Vertikalisierung

Demografische Wandel

Die Entwicklung des Modebereichs ist im Zuge des demografischen Wandels durch zwei Parameter gekennzeichnet. Einerseits nimmt die Bevölkerungszahl ab, andererseits ändert sich die Altersstruktur der Bevölkerung. Während die Bevölkerungszahl auf 81,6 Millionen Menschen bis zum Jahr 2025 prognostiziert wird und keine beeinträchtigte Auswirkungen auf den Modemarkt aufweist, sieht es bei der Altersstruktur Deutschlands anders aus. So wird der Anteil der über 60-Jährigen voraussichtlich von 27,4 Prozent (2014) auf 32,4 Prozent im Jahr 2025, um mehr als 4,2 Millionen Menschen, zunehmen (KPMG 2015: 34-35). Dagegen ist die Anzahl der Jüngeren und Mittleren rückläufig. Entsteht vor diesem Hintergrund etwa ein neues Kaufverhalten der künftig älteren Generation? Im Rahmen einer Expertenbefragung der IFH (Institut für Handelsforschung) und KPMG gehen die Händler und Hersteller davon aus, dass die zukünftigen Älteren ein neues Kaufverhalten aufzeigen und mehr Geld für Mode ausgeben werden (KPMG 2015: 35).

> „Es ist überholt und gefährlich, von den „Alten von morgen" zu sprechen. Die 50- bis 60-Jährigen von heute nehmen Trends an, gehen regelmäßig ins Fitnessstudio und kleiden sich stilsicher und modern. Morgen tun dies gegebenenfalls auch die Mittsiebziger." Rainer Kanbach, KiK (KPMG 2015: 35)

Die heutigen Best Ager (50+) sind gesünder, in einer guten körperlichen Verfassung, fühlen sich jünger und weisen ein höheres Modebewusstsein auf. Gute Anzeichen, die für ein stabiles und gegebenenfalls noch intensiveres Ausgabenverhalten in naher Zukunft sprechen. Generell wird die Ausgabenhöhe vom individuell verfügbaren Einkommen abhängen.

Fast Fashion versus Nachhaltigkeit

Die Konsumenten von heute achten beim Kauf von Bekleidung nicht nur auf die Marke, einen günstigeren Preis, am besten gepaart mit hoher Qualität, sondern auch verstärkt auf Nachhaltigkeit. Als wichtigstes Kaufkriterium der Käufergruppe ab 14 Jahre wurde ein attraktives Design genannt (51 Prozent). Mit 46 Prozent wird die Kaufentscheidung durch einen günstigen Preis beeinflusst. Immerhin spielt die Qualität bei jedem Dritten (38 Prozent) eine wichtige Rolle, während die Funktionalität und Markenpräferenz auf den hinteren Plätzen rangieren (KPMG 2015: 36-37).

Angaben in Prozent der Bevölkerung ab 14 Jahre

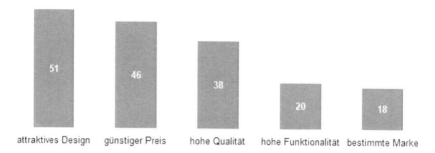

Abbildung 3: Bedeutung der Kaufkriterien bei Mode insgesamt

Quelle: Eigene Darstellung in Anlehnung an KPMG (2015)

Die genannten Kaufkriterien sind jedoch stark von der Altersgruppe abhängig. Lediglich der günstigere Preis weist bei allen KonsumentInnen eine Übereinstimmung auf und ist somit altersunabhängig. Während die Marke für die Käufergruppe der 14- bis 29-Jährigen eine entscheidende Rolle spielt, ist die Bevölkerung von 30 bis 49 Jahren weniger markenaffin. Die Best Ager (50+) legen ebenfalls kaum Wert auf eine bestimmte Marke oder ein attraktives Design. Für beide Konsumentengruppen sind Aspekte wie hohe Funktionalität und hohe Qualität von großer Bedeutung (KPMG 2015: 38-39). Ein weiteres wichtiges Merkmal bei der Betrachtung der Kaufkriterien ist das verfügbare monatliche Haushaltsnettoeinkommen. Haushalte mit einem monatlichen Nettoeinkommen von 3.600 Euro und mehr haben einen Anteil von 48,4 Prozent am Fashion-Marktvolumen. Die Vielverdiener, die zu diesem Haushalt gehören, sind in erster Linie markenbewusst. Wobei die Bedürfnisse nach hoher Qualität oder einem attraktiven Design inbegriffen sind. Für die Geringverdiener (900 bis 2.000 Euro) ist der Preis das ausschlaggebende Kaufkriterium (KPMG 2015: 38-39).

Ein immer mehr in den Vordergrund gerückter Aspekt bei der Kaufentscheidung ist die Nachhaltigkeit bei der Produktion der Kleidung. In einer Befragung der IFH Köln gaben elf Prozent der Verbraucher an, überwiegend nachhaltige Produkte zu kaufen. Das sind fast doppelt so viele wie noch vor drei Jahren. Insbesondere Niedrigpreis-Anbieter stehen unter medialer Beobachtung und müssen infolgedessen den Nachhaltigkeitsgedanken verstärkt in ihren Unternehmensalltag integrieren. Durch den Einsatz von allgemeinen Standards und Gütesiegeln soll die gewünschte Transparenz ermöglicht werden. Doch die Praxis erweist sich als schwierig. Da der günstige Preis das Merkmal der Niedrigpreis-Anbieter ist und bleiben wird, „können Mehrkosten für fair und nachhaltig produzierte Kleidung kaum an die Kunden" (KPMG 2015: 40) weitergegeben werden. Bei Alltagsmode ist die Bereitschaft der Kunden zur Zuzahlung für Nachhaltigkeit kaum vorhanden. Dagegen erklären die VerbraucherInnen mehr Geld für Luxusartikeln aus nachhaltiger Produktion auszugeben, für plausibel.

Die zukünftige Entwicklung der stark widersprüchlichen Trends der Fast Fashion und „Wegwerf-Mode" ist noch unklar. Fest steht, dass es immer Kunden und Kundinnen geben wird, die aufgrund ihres geringen Einkommens auf niedrigere Qualität zurückgreifen müssen und dass die Jüngeren in einer schnelllebigen Modewelt kaum auf neuste Trends verzichten möchten und werden. Bis die Nachhaltigkeit ein fester Bestandteil der Modebranche wird, ist es noch ein mühsamer Weg.

Bedeutung des Onlinehandels

Neben den herkömmlichen stationären Einkaufsstätten wird der Einkauf von Kunden via Onlinehandel bevorzugt. Das Internet wird besonders bei den jüngeren KonsumentInnen immer mehr zur beliebten Einkaufsstätte. Aber auch die älteren Konsumenten kommen auf den Geschmack ihre Kleidung im Internet zu kaufen. Insgesamt kaufen 25,2 Millionen Menschen ab 14 Jahre Bekleidung und Schuhe online (KPMG 2015: 46). Der größte Teil davon sind Frauen (mehr als 14 Millionen). Zu dem Online-Shopper gehört sowohl die Altersgruppe der 14- bis 29-Jährigen (7,4 Millionen Personen) als auch die der 40- bis 49-Jährigen (6,2 Millionen Personen). Insgesamt ist die Anzahl der Onlineshopper zwischen 2010 und 2014 um sechzig Prozent gestiegen (KPMG 2015: 46). Der hohe Anteil der Online-Shopper lässt sich durch ein steigendes Einkommen erklären. Je höher das Einkommen ist, desto größer der Anteil der Online-Shopper und der Markenaffinität (KPMG 2015: 47). Der Onlinehandel ist kaum mehr wegzudenken und wird künftig bis 2025 weiterhin deutlich an Bedeutung zunehmen, so zumindest die Einschätzung der Händler und Hersteller, im Rahmen einer Befragung des IFH Köln und KPMG.

„Die Sättigung des Onlinehandels ist noch nicht erreicht. Aktuell investieren Unternehmen noch viel Geld in das Onlinegeschäft. Jetzt kommt ja erst die Generation, die mit den neuen Techniken aufgewachsen ist. In den nächsten fünf bis zehn

Jahren wird sich am Onlinewachstum etwas ändern." Dagmar Goedeke, Miles Fashion (KPMG 2015: 48).

Wie hoch der Online-Anteil an Bekleidungsumsätzen in Deutschland bis zum Jahr 2020 sein wird, zeigt das nachfolgende Schaubild (Abbildung 4). Laut Strategy & Analyse verdoppelt sich der Umsatz von 14 Prozent (Jahr 2012) auf dreißig Prozent im Jahr 2020. Gleichzeitig nimmt die physische Verkaufsfläche in Deutschland von 28,5 Mio. m² um 16 Prozent auf 24,0 Mio. m² ab (PWC 2013).

Gemäß dieser Prognose wird angenommen, dass insbesondere die kleinen bis mittelgroßen Multi-brand Stores ihre Verkaufsflächen stark reduzieren müssen. Auch große Modehandelsketten werden zukünftig eine geringere Verkaufsfläche ansteuern, gleichzeitig aber für die KonsumentInnen ein außergewöhnliches Offline-Einkaufserlebnis auf den eigenen Ladenflächen bieten und die E-Commerce-Verkäufe ankurbeln (ebd.). Kleine, exklusive Modeboutiquen werden sich weiterhin durch ihr individuelles Produktportfolio sowie persönlichen Kundenservice behaupten können.

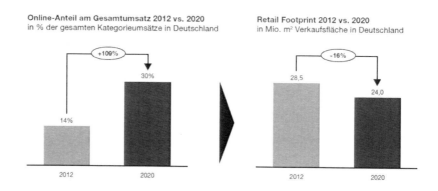

Abbildung 4: Prognose zu Online-Anteil am Gesamtumsatz der Modebranche bis 2020 und Auswirkung auf die Verkaufsfläche

Quelle: PWC (2013: 13)

Händler müssen sich deshalb in Zukunft mit Themen wie Digitalisierung und Onlinehandel verstärkt auseinandersetzen, um zukünftig eine Chance gegenüber den Hauptakteuren im Onlinehandel wie Amazon und Zalando zu erlangen. Ziel der stationären Händler sollte es daher sein, den KonsumentInnen die Auswahl zwischen dem Onlineshopping und dem stationären Kauf im Geschäft anzubieten. Mit Hilfe des Cross-Channel-Konzeptes wird eine Verbindung zwischen genau diesen Online- und Offline-

Möglichkeiten geschaffen. Die KonsumentInnen können sich vorab im Internet nach gewünschten Produkten informieren und anschließend mit einer persönlichen Beratung im Geschäft den Kauf abschließen. Unternehmen mit einem Cross-Channel-Konzept erzielen nachhaltig mehr Umsatz und höhere Margen. Nicht zuletzt durch loyale Kunden, die sowohl Online- als auch Offline-Kanäle nutzen können (PWC 2013).

Etwa 75 Prozent der befragten Händler und Hersteller des IFH Köln und KPMG prophezeien Cross-Channel-Services eine vielversprechende Zukunft (KPMG 2013: 50-51).

Bedeutung der Vertikalisierung

Hat der Multilabel-Handel noch eine Zukunft? Diese Frage stellten sich die Händler und Hersteller. Mehr als die Hälfte (56 Prozent) von ihnen, sind der Ansicht, dass die VerbraucherInnen in Zukunft sich mehr stationäre Multilabel-Händler erhoffen (KPMG 2013: 57). Diese Ansicht wird jedoch durch den Aufwärtstrend von vertikalen Händlern (z. B. H&M, Zara, Esprit) gespalten. Die Vertikalen bieten immer mehr kostengünstigere Mode im Vergleich zu Multilabel-Händler an. Vorteile der vertikalen Integration liegen in der großen Auswahl an modisch aktueller Ware, schneller Reaktion auf Trends und hoher Umsatzgenerierung (Handelswissen 2014). Multilabel-Händler versuchen insoweit mitzuhalten, als dass sie zu trendorientierten und emotional gestalteten Präsentationen zurückgreifen und weniger Ware auf die Fläche positionieren (KPMG 2013: 78). Damit Multilabel-Händler weiterhin einen Stellenwert in der Modebranche haben, müssen sie vermehrt auf die ändernden Kundenbedürfnisse eingehen. Das Einkaufen soll zum Erlebnis werden, das der Kunde im Internet nicht findet. So bieten Pop-up-Stores oder Flagship-Stores dem Kunden den gewünschten Erlebnis-Mehrwert, den Amazon und Zalando noch nicht geben können (PWC 2013). Pop-up-Stores (auch Guerilla-Stores genannt) sind Kurzzeitläden, die oft unangekündigt an ungewöhnlichen Orten entstehen und nach kurzer Zeit wieder abgebaut werden (Hutter 2013 o. S.). Flagship-Stores (Flagship: deutsch Flaggschiff, Führungsschiff einer Flotte) zeichnen sich durch ihre exklusiven und einzigartigen Filialen von Marken mit einem umfangreichen Sortimentsangebot aus (Wirtschaftslexikon o. J.)

2.1.2 Wertschöpfungskette

Um textile Produkte herstellen zu können, bedarf es einer Vielzahl an Fertigungsstufen. Die Fertigungskette vom entsprechenden Rohstoff bis zur Entsorgung wird als „Textilpipeline" oder „Wertschöpfungskette" bezeichnet (Gries, 2014: 7).

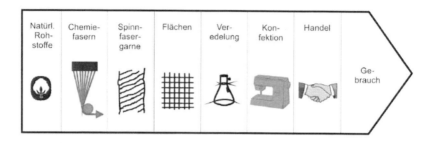

Abbildung 5: Die textile Kette („Textilpipeline")

Quelle: Gries (2014: 9)

Die textile Wertschöpfungskette beinhaltet sowohl alle Verarbeitungs- und Bearbeitungsschritte als auch Beschaffungs- und Distributionsleistungen von der Fasererzeugung bis zum Verkauf des textilen Produkts an den KonsumentInnen. Der textile Fertigungsprozess ist einerseits durch eine Mehrstufigkeit und andererseits durch die lineare Determiniertheit gekennzeichnet. Dabei können die Verarbeitungsschritte nur nacheinander ausgeführt werden. Die Produktion in parallel ablaufenden Teilprozesse aufzuteilen ist daher ausgeschlossen (Ahlert/Große-Bölting/Heinemann 2009: 41). Der Herstellungsweg ist dabei sowohl vom Verwendungszweck als auch von modischen Trends bestimmt (Gesamtverband textil+mode 2012: 6).

Zur Herstellung von Textilprodukten kommen Rohstoffe – sowohl natürliche als auch chemische – zum Einsatz. Zu den Naturfasern (aus Cellulose) gehören neben Baumwolle, Leinen oder Jute, auch tierische Fasern wie Wolle, Seide oder Kaschmir. Die Chemiefasern werden aus einem Teil des Rohöls, dem sogenannten Naphtha, hergestellt. Unter Verwendung von Kohle, Erdgas und Erdöl entstehen synthetische Polymeren. Sie sind Ausgangsstoff für die verschiedenen Chemiefasern wie Polyester, Polyamid und Polyacryl. Zur Herstellung von „regenerierten Cellulose-Fasern" wie Viskose, Modal und Lyocell werden die aus Holz gewonnene Cellulose, auch als Zellstoff bezeichnet, verwendet (ICTM o. J.). Das Holz wird zerkleinert und bei erhöhtem Druck mehrere Stunden in Chemikalien gekocht. Anschließend wird die zurückgebliebene Cellulose gewaschen, gemahlen, gebleicht und getrocknet (Gesamtverband textil+mode 2012: 7). Regeneratfasern werden als sogenannte Non-Woven (nicht gewebte Textilien) sowohl im textilen als auch im nicht textilen Bereich eingesetzt. Sie sind in Funktionstextilien im Sportbereich, für Arbeitsbekleidung, Unterwäsche und Bettartikel sowie als Vliesstoff für Hygiene- und Kosmetikartikel (z. B. Watte) vorzufinden (ICTM o. J.).

Der Verarbeitungsprozess von Natur- und Chemiefasern gliedert sich in mehreren Stufen. Hierbei wird lediglich auf den Prozessablauf der Naturfasern näher eingegangen. Baumwolle wird nach der Ernte und dem Egrenieren (Entkernung) zu Ballen gepresst. In der Spinnereivorbereitung wird das gepresste Fasermaterial bis zur Flocke aufgelöst (Gries 2014: 9). Das Auflösen bis zur Einzelfaser ist verbunden mit einer Reinigung und einer Parallelisierung der Fasern. Unter Reinigen wird das Ausscheiden von Störpartikeln, wie Holz- oder Blattbestandteilen und nicht zu öffnenden Faserverknotungen verstanden (Gries 2014: 94). Mit Hilfe des Parallelisieren werden die Fasern in eine Orientierungsrichtung ausgerichtet.

Durch Zusammenführen der Einzelfasern zum Flor erhält man ein Faserband (Gries 2014: 9-10). Bis ein fertiges Garn entsteht, wird das Vorgarn durch ein weiteres Verfeinern (Verziehen) und anschließendes Aufbringen von Drehung (Verfestigen) erstellt. Das fertige Garn wird auf Hülsen (Kops) oder Kreuzspulen aufgewunden. In der nächsten Fertigungsstufe, der Weberei, wird das Gewebe hergestellt. Das Gewebe kann in unterschiedlicher Art und Weise hergestellt werden. Zum einen kann das Gewebe mit Hilfe der Herstellung von Maschenware gefertigt werden. Durch ihre lockere, voluminöse Struktur bietet Maschenware eine gute Atmungsaktivität sowie Wärmeisolation und eine gute Drapierbarkeit. Eine andere Möglichkeit Gewebe zu erzeugen, ist die Herstellung von Vliesstoffen. „Die Vliesbildung kann mechanisch, aerodynamisch oder hydrodynamisch erfolgen" (Gries 2014: 281).

Im nächsten Schritt folgt die Textilveredelung. Zu den Aufgaben der Veredelung von textilen Flächen gehören die Entfernung von Verunreinigungen, sowie das Färben, Drucken und die Veränderung der Oberfläche zur Verbesserung der Trage- und Gebrauchswerteigenschaften. Für die Fertigung eines Textilproduktes wird im letzten Arbeitsschritt die Konfektion entwickelt. „Unter Konfektion wird die industrielle Herstellung von Bekleidung, Haus- und Heimtextilien sowie technischen Textilien verstanden" (Gries 2014: 281). Die Konfektion umfasst dabei die Stufen Teilen (Zuschnitt), Fügen (Nähen, Kleben, Schweißen) und Formen. Aufgrund der geringeren Herstellkosten – mit Ausnahme der exklusiven Schneidereien – wird zunehmend auf die Konfektion zurückgegriffen und mit vorgefertigten Produkten und standardisierten Größen operiert (Koch 2006: 132).

Als letzte Produktionsstufe in der textilen Kette wird die Bekleidungsindustrie eingebunden. Hier wird die Weiterverarbeitung der verschiedenen Materialien zum (verkaufs-)fertigen Bekleidungsstück vorgenommen. Der Absatz der Erzeugnisse an die KonsumentInnen erfolgt über die Handelsstufe als letztes Element in der textilen Wertschöpfungskette. Der Absatz kann über das Internet, durch Direkt-Vermarktung über Factory-Outlets oder Teleshopping erfolgen (Ahlert 2009: 44).

Der Gesamtverband der deutschen Textil- und Modeindustrie nimmt folgende Klassifizierung der Erzeugnisse in der Bekleidungsindustrie vor:

• Damenoberbekleidung (DOB),

• Herren- und Knabenoberbekleidung (HAKA),

• Kinderbekleidung (KOB oder KIKO),

• Wäsche, Berufs- und Sportbekleidung (Bespo),

• Miederwaren und

• sonstige Bekleidungserzeugnisse (Ahlert 2009: 44).

2.2   Die Rolle der KonsumentInnen

Die Textil- und Bekleidungsindustrie lebt von modebewussten KonsumentInnen. Über Mode können sich die KonsumentInnen auszudrücken, sich von der Masse abheben oder sich einfach zugehörig fühlen (Neugebauer/Schewe 2014). Die permanente Suche nach immer neuen Trends und Looks, inspiriert durch Hochglanzmagazine, Fernsehen und das Internet, erhöht den Kauf neuer Bekleidung. Dabei spielen das Design, die Marke und der Preis eine entscheidende Rolle. Fast Fashion nennt sich das Erfolgsmodell, das „für massenproduzierte Modewaren, die häufig von High End-Entwürfen kopiert und weltweit zu Niedrigpreisen verkauft werden" (MKG 2015: 1). Die Herstellung dieser Modewaren ist jedoch fragwürdig. So haben Umfragen zum Mode-Einkaufsverhalten von Greenpeace gezeigt, dass den VerbraucherInnen sowohl die inhumanen Arbeitsbedingungen in den Textilfabriken der Niedriglohnländer, als auch der Einsatz giftiger Chemikalien bewusst sind (Greenpeace 2015). So seien faire Produktionsbedingungen in der Textilbranche für die VerbraucherInnen „sehr wichtig" oder „eher wichtig" (Focus Online 2014). Etwa 49 Prozent würden ein Produkt unter unmenschlichen Produktionsbedingungen „eher nicht" kaufen wollen (ebd.). Vor diesem Hintergrund stellt sich die Frage: Welche Verantwortung zum Kauf von Kleidung tragen die KonsumentInnen bei und sind sie bereit ihr Kaufverhalten bezüglich des Massenkonsums von „Billigmode" zu überdenken? Im Folgenden soll das Konsumentenverhalten der heutigen Gesellschaft näher betrachtet werden. Diesbezüglich werden die entscheidenden Ergebnisse einer repräsentativen Greenpeace-Umfrage zu „Kaufverhalten, Tragedauer und der Entsorgung von Mode" (Greenpeace 2015: 1) herangezogen. Darüber hinaus soll auf die besondere Bedeutung der Zielgruppe LOHAS eingegangen und den Einfluss dieser Zielgruppe auf die unternehmerische Verantwortung untersucht werden.

2.2.1 Veränderungen im Konsumentenverhalten

Die im September 2015 im Auftrag von Greenpeace durchgeführte Online-Umfrage, unter 1.011 Personen zwischen 18 und 69 Jahren in Deutschland, verdeutlicht ein detailliertes Bild des alltäglichen Umgangs mit Mode in der heutigen Gesellschaft. Im Durchschnitt verfügt in Deutschland jede erwachsene Person im Alter von 18–69 Jahren 95 Kleidungsstücke (ohne Unterwäsche und Socken). Dabei besitzen Frauen mit 118 Kleidungsstücken deutlich mehr als Männer (73 Teile). Das Alter spielt bei dem Kleidungsbestand eine untergeordnete Rolle. So verfügt jede Person (18–69 Jahre) zwischen 92 und 98 Kleidungsstücken. Der durchschnittliche Kleidungsbestand pro Person liegt bei etwa 95,3 Teilen. Deutsche KonsumentInnen verbrauchen pro Jahr durchschnittlich elf Kilogramm Bekleidungstextilien. Hierfür geben sie rund 430 Euro aus. Dies entspricht etwa fünf Prozent der monatlichen Konsumausgaben. In den 1960er Jahre lagen die Konsumausgaben für Bekleidung und Schuhe bei etwa zwölf Prozent (Eberle 2010: 2). Insgesamt wird die Kleidermenge verstärkt durch Geschlecht, Einkommen, Bildung und Herkunft beeinflusst. Frauen aus dem Westen Deutschlands besitzen am meisten Kleidung (101 Teile), jene aus dem Osten am wenigsten (83 Teile). Mehr Bildung und Einkommen führen zu deutlich mehr Kleidung. Jedes fünfte Kleidungsstück (19 Prozent) wird so gut wie nie getragen. Etwa eine Milliarde Kleidungsstücke liegen ungenutzt im Schrank. Hinzu kommt eine weitere Milliarde Kleider, die nur „selten" (seltener als alle drei Monate) getragen werden. Das macht etwa vierzig Prozent an ungenutzter Kleidung (Greenpeace 2015: 2-3).

Wenn es um die Lebensdauer der getragenen Kleidungsstücke geht, so haben fast fünfzig Prozent der Befragten in den letzten sechs Monaten Kleidung ausrangiert. Besonders betroffen sind Oberteile, Hosen und Schuhe. Hingegen werden Jacken, Mäntel und Kleider meist mehr als drei Jahre getragen, bevor diese aussortiert werden. Insgesamt bestimmt überwiegend der Aspekt der Kurzlebigkeit. Der ausschlaggebende Grund für das Aussortieren von noch tragbarer Kleidung liegt in den wechselnden Modetrends. Zwei von drei der Befragten entsorgen ihre noch tragbare Kleidung, weil sie ihnen nicht mehr gefällt, vierzig Prozent, wenn sie nicht mehr modisch sind oder dem eigenen Stil nachkommen. Etwa 31 Prozent der Befragten sortieren ihre Kleidung aus, um Platz zu schaffen. Lediglich 21 Prozent der Befragten gaben an, ihre Kleidung lediglich dann zu entsorgen, wenn sie unbrauchbar ist oder nicht mehr passt (Greenpeace 2015: 3).

Meistens wird die aussortierte Kleidung unmittelbar in den Müll oder in eine Kleidersammelbox entsorgt. Über Alternativmöglichkeiten wie beispielsweise die Kleidung weitergeben, weiterverkaufen oder tauschen, denken viele der Befragten nicht nach. 83 Prozent haben noch nie Kleidung getauscht. Für zwei Drittel kommt das Verleihen von Kleidung erst gar nicht in Frage. Immerhin geben zwei Drittel ihre KleidungBekannten weiter, 45 Prozent haben bereits gebrauchte Kleidung gekauft oder verkauft. Hingegen könnte der Kleidertausch zukünftig Beachtung finden. Ein Viertel der 18 – 29-Jährigen hat bereits Kleider getauscht, in der Altersgruppe der über 50-Jährigen ist es nur jeder Achte. Geht es um die Reparatur von Kleidung und Schuhen, so waren 58 Prozent der 18 – 29-Jährigen noch nie bei einem Schuster. Etwa fünfzig Prozent aller Altersklassen haben noch nie Kleidung zur Reparatur gebracht (Greenpeace 2015: 4). Ein entscheidendes Kaufkriterium von Bekleidung ist der Preis. Für ein Drittel der Befragten muss die Kleidung vor allem preiswert sein. Obwohl fünfzig Prozent der Befragten Gütesiegel zur Kennzeichnung nachhaltig hegestellter Kleidung begrüßen würden, so achtet nur jeder Vierte der Befragten beim Kauf auf eine nachhaltig, umweltfreundlich und fair hergestellte Kleidung. 39 Prozent der Befragten wünschen sich verantwortungsbewusste Unternehmen, die alte Kleidung zurücknehmen und wiederverwerten.

2.2.2 Besondere Bedeutung der LOHAS

Der Trend geht von der Wegwerfgesellschaft hin zu verantwortungsbewussten KonsumentInnen, die auf nachhaltig, sozialverantwortlich produzierte Kleidung Wert legen. Es sind Menschen, für die Nachhaltigkeit im Umgang mit Ressourcen, Menschen, Tieren und dem Planeten Erde an Bedeutung gewinnen. Dieser Lebensstil ist der Zielgruppe LOHAS (engl. für „Lifestyle of Health and Sustainability") zugeordnet. Ihr Lebensstil wird von Gesundheit und Nachhaltigkeit beeinflusst. Sie gelten einerseits als sehr kaufkräftig und zeigen eine hohe Kaufbereitschaft, andererseits aber auch als sehr kritisch und gut informiert (Köhn-Ladenburger 2013: 59-60).

Der Begriff LOHAS wurde im Jahr 2000 von Paul Ray und Sherry Ruth Anderson in ihrem Buch „Cultural Creatives" definiert. Im Rahmen der Sozialforschung wurden Umfragen zum Wertewandel in den USA der letzten Jahrzehnte durchgeführt. Es wird erstmalig die Klasse der „Kulturell Kreativen" beschrieben (Helmke 2016: 1). Die „Cultural Creatives" wird von Paul Ray als eine Gruppe bezeichnet, „die eine Gesellschaft am stärksten mit neuen Gedanken bereichert und kulturelle Veränderungen beeinflusst" (Helmke 2016: 1-2). Daraus resultieren zwei Gruppen: Die Kerngruppe „persönlichkeitsorientierte Mitglieder" (10,6 %), die ökologische Wertvorstellungen haben. Die zweite Gruppe der „Ökologisch orientierten Cultural Creatives" (13 %) konzentriert sich auf Sozial- und Umweltschutzthemen (Helmke 2016: 1-2). Die Tendenz zu gesunden und nachhaltigen Werteerfahrungen und -haltungen ist steigend. Nach Einschätzung von Schulz, Professor von der Universität Hohenheim, wird das Marktpotenzial der ca. acht Millionen LOHAS, die über ein hohes Haushaltsnettoeinkommen verfügen, auf jährlich 200 Milliarden Euro geschätzt (Köhn-Ladenburger 2013: 1). Die Zielgruppe ist dabei größtenteils weiblich, etwas über vierzig Jahre und verfügt über ein überdurchschnittlich hohes Bildungsniveau (Ahlert/Bölting/Heinemann 2009: 1007).

LOHAS sind in verschiedenen Marktsegmenten vertreten. Dazu gehören Bereiche wie Mode, Gesundheit, Tourismus, Design, Medien, Geldanlagen, Freizeit, Wohnen und Food. Der Bereich Food zählt zu den wichtigsten LOHAS-Marktsegmenten. Der Konsum von Bio-Lebensmitteln ist in den vergangenen Jahren enorm angestiegen und ist mittlerweile auch in den Discountern-Regalen vorzufinden. Weltweit wurden rund vierzig Mrd. US-Dollar an ökologischen Produkten umgesetzt. Deutschland ist hinter den Vereinigten Staaten von Amerika der zweitgrößte Bio-Lebensmittelmarkt weltweit (Ahlert/Bölting/Heinemann 2009: 1007).

Aber auch die Modebranche profitiert immer mehr von dem bewussten Konsum der LOHAS. So hat sich der Umsatz mit „Eco Fashion" in Deutschland in den vergangenen zehn Jahren mehr als verzehnfacht, auf zuletzt 654 Millionen Euro. Etwa 3,6 Millionen Bekleidungsstücke wurden im Jahr 2013 in Bio-Qualität verkauft (Oberhuber 2014). Laut der Gesellschaft für Konsumforschung macht Ökomode etwa vier Prozent des Bekleidungsmarkts aus (ebd.). Besonders große Kaufhausketten wie C&A, H&M oder

Zara verkaufen die meisten Biotextilien. C&A ist nach Angaben von Branchenbeobachtern der größte Biobaumwolle Abnehmer weltweit (Oberhuber 2014).

Trotz des zunehmenden Angebots ökologischer Bekleidung sind die VerbraucherInnen skeptisch. Die zahlreichen Öko-Siegel reichen vom staatlich vorgegeben Blauen Engel über Gütezeichen von NGOs (Non-Governmental Organization, deutsch: Nichtregierungsorganisation) bis hin zum reinen Herstellerlabel (Oberhuber 2014). Die Gütesiegel führen bei den VerbraucherInnen zur Verwirrung ebenso wie zur Unsicherheit bezüglich einer tatsächlichen Umweltverträglichkeit der Produkte (Ahlert/Bölting/Heinemann 2009: 1011).

Ökologische Textilien, die als solche bezeichnet werden dürfen, sollten drei Anforderungen erfüllen:

- bei der Herstellung keine umweltschädliche Pestizide, Herbizide, Kunstdünger, Gentechnik oder schädliche Chemikalien verwenden – das gilt vom Acker bis zur Ladentheke
- Hersteller haben den Produzenten faire Löhne zu zahlen sowie
- menschenwürdige Arbeitsverhältnisse zu garantieren (Oberhuber 2014 o. S.).

Für Unternehmen erweist sich die Zielgruppe der LOHAS als lukrativ, da sie bereit ist für qualitativ hochwertige Produkte viel Geld auszugeben (Oberhofer 2011 o. S.).

LOHAS achten auf eine sozial gerechte Produktion, auf natürliche Materialien (Baumwolle, Leinen, Hanf etc.) und ihre Umweltverträglichkeit. Die Kaufentscheidung fällt dabei auf hochwertige Qualitätsware und einer ökologisch einwandfreien Verarbeitung. Eine umweltschonende Produktion sowie umweltgerechte Produkte stehen an oberster Stelle. Denn das sichert die Umweltqualität. Fairer Handel, d. h. ohne Kinderarbeit und einer gerechten Bezahlung, setzen die LOHAS voraus.

Damit Unternehmen diese Käuferschaft für sich gewinnen und sie langfristig als loyale Kunden und Kundinnen an sich binden können, bedarf es an Glaubwürdigkeit, Authentizität und Transparenz im Markt. Die Gruppe der LOHAS hat klare Vorstellungen eines verantwortungsbewusst handelnden Unternehmens. Echte Glaubwürdigkeit entsteht erst dann, wenn Unternehmen auch intern leben, was nach außen kommuniziert wird (Schrot&Korn 2013 o. S.). Die Nachhaltigkeit als Unternehmensvision ist eine Notwendigkeit, um die Gruppe der LOHAS anzusprechen. Für 74 Prozent der VerbraucherInnen liegt die Verantwortung auf Seite des Unternehmens (Helmke 2016: 29).

Doch das CSR-Engagement der Unternehmen wird durch die KonsumentInnen nicht wahrgenommen. Siebzig Prozent der KonsumentInnen können kein soziales und ökologisches Engagement der Unternehmen erkennen (Helmke 2016: 29). Den Unternehmen wird bewusster, dass soziale Verantwortung und ethisches Verantwortungsbewusstsein hohen Stellenwert in der heutigen Gesellschaft einnimmt. Nachhaltigkeit gilt als Innovationsfaktor, mit dem sich Absatzchancen im Markt sichern lassen (ebd.).

2.3   CSR und Nachhaltigkeit

Immer mehr Unternehmen stellen sich den globalen Anforderungen einer nachhaltigen Entwicklung. Einerseits wollen sie wirtschaftlich zukunftsfähig werden oder bleiben und andererseits weil gesellschaftlich verantwortlich handelnde Unternehmen mit Hilfe von CSR Aktivitäten positive Effekte erzielen können. Die Rede ist von beispielsweise Reputation, Vertrauenswürdigkeit und Glaubwürdigkeit bei allen Stakeholdern. Was sich genau unter Corporate Social Responsibility und Nachhaltigkeit verbirgt und inwieweit ein Unternehmen seine gesellschaftliche Verantwortung managen und an Stakeholder, besonders an die Politik, Medien und VerbraucherInnen kommunizieren kann, werden im weiteren Verlauf betrachtet.

2.3.1 Unternehmerische Verantwortung – Hinführung

Das Thema der gesellschaftlichen Verantwortung – Corporate Social Responsibility (CSR) – hat in vielen Branchen an Bedeutung gewonnen. Auch die Politik in Europa beschäftigt sich damit, welche Rahmenbedingungen geschaffen werden müssen, um mehr Transparenz und Glaubwürdigkeit im unternehmerischen Handeln zu ermöglichen. Etwa 31 Prozent der umsatzstärksten Unternehmen Deutschlands im Jahr 2010 gaben an, regelmäßig einen Nachhaltigkeitsbericht oder CSR-Bericht zu veröffentlichen (Waßmann 2013: 1). Immer mehr Unternehmen werden von nachhaltigen Investoren und „Anspruchsgruppen wie Kunden, Mitarbeiter und Nichtregierungsorganisationen (NRO)" (Waßman 2013: 1) unter Druck gesetzt, Beiträge zur nachhaltigen Entwicklung der Gesellschaft vorzulegen. Die Anspruchsgruppen möchten glaubhaft erkennen, dass Unternehmen sich der ökologischen und sozialen Herausforderungen stellen und die dafür entsprechenden Maßnahmen ergreifen. So gibt es auf der einen Seite Unternehmen, die CSR aktiv in ihr unternehmerisches Handeln integrieren und wiederum andere Unternehmen, die nur dann nachhaltig agieren, wenn die Öffentlichkeit sie dazu zwingt oder sie ihre Reputation gefährdet sehen. „Auslöser für die Verhaltensänderung sind dabei häufig Kaufboykotte durch Kunden, staatliche Einflüsse oder selbst verschuldete Umweltschädigungen" (Waßmann 2013: 2). Die Kunden und Kundinnen interessieren sich vermehrt für das Thema CSR, nicht zuletzt aufgrund zahlreicher Möglichkeiten an Informationen über Unternehmen durch „Massenmedien, Verbraucherverbände, Websites und Filmdokumentationen" (Waßmann 2013: 2) zu gelangen. Die Anspruchsgruppen können sich über soziale Netzwerke austauschen und verantwortungsloses Fehlverhalten von Unternehmen schnell aufdecken und verbreiten (ebd.). Denn die Kaufentscheidung der Kunden und Kundinnen wird nicht nur durch die Qualität und den Preis, sondern zunehmend durch das unternehmerische Handeln und die wahrgenommenen Werte des Unternehmens beeinflusst (Waßmann 2013: 2-3). Vor diesem Hintergrund gilt die CSR in vielen Branchen als Business Case, ein Erfolgsfaktor, mit dem sich neue Marktchancen erschließen, Innovationskraft und Wettbewerbsfähigkeit steigern sowie die internationale Reputation erhöhen lassen (BMU 2008: 3).

2.3.2 Nachhaltigkeit und Management

Der Begriff „Nachhaltigkeit" wurde im Jahr 1987 in dem Report „Unsere gemeinsame Zukunft" von der Brundtland Kommission, auch Weltkommission für Umwelt und Entwicklung genannt, erstmals formuliert und definiert (Hauff 2015). Die „nachhaltige Entwicklung" wurde definiert als eine Entwicklung „die den Bedürfnissen der heutigen Generation entspricht, ohne die Möglichkeiten künftiger Generationen zu gefährden, ihre eigenen Bedürfnisse zu befriedigen und ihren Lebensstil zu wählen" (Hauff 2015 o. S.). „Nachhaltigkeit" als „Corporate Sustainability" und CSR sollten auf unternehmerischer Ebene einheitlich betrachtet werden (Schmidpeter/Schneider et al. 2015: 28). Unternehmerisches Wirtschaften soll ökonomische, ökologische und soziale Ziele sowohl im Unternehmen, in der Unternehmensumwelt als auch in der Gesellschaft verfolgen (Völker 2016: 15). Das Konzept der Triple-Bottom-Line (TBL), von John Elkington geprägt, basiert auf drei gleichwertigen Säulen – ökonomischer, ökologischer und sozialer Nachhaltigkeit (ebd.). Hierbei sollte die Balance der drei Dimensionen gegeben sein (Waßmann 2013: 18). Da der Begriff TBL ein wichtiger Bestandteil der Nachhaltigkeitsdiskussion ist, wurden börsennotierte Unternehmen von der EU-Kommission aufgefordert, eine TBL in ihre Geschäftsberichterstattung aufzunehmen (Kuhn 2008).

Um die Nachhaltigkeit als echten Wettbewerbsvorteil zu nutzen, müssen Nachhaltigkeit-Schwerpunkte branchenspezifisch gesetzt werden. So sollte sich beispielsweise die

Textilindustrie mit Themen wie Arbeitsbedingungen in der Produktion bei den Zuliefe-rern bis hin zur Kinderarbeit und Schadstoffbelastungen in Stoffen auseinandersetzen (Schmidpeter/Schneider et al. 2015: 334-335). Vor jeder Entwicklung einer Nachhaltig-keitsstrategie sollen die wichtigsten Aspekte definiert werden, die für Anspruchsgrup-pen wie MitarbeiterInnen sowie Kunden und Kundinnen im Mittelpunkt stehen. Da letz-ten Endes der Kunde darüber entscheidet, ob ein Unternehmen in der Lage ist, die Nachhaltigkeit zu einem echten Wettbewerbsvorteil auszubauen, liegt der Fokus auf dem eigenen Kunden und ggf. den Endkunden. Dabei spielen sowohl die technologi-schen Möglichkeiten als auch die Kundenwünsche von zentraler Bedeutung (Schmidpe-ter/Schneider et al. 2015: 336).

Für Unternehmen empfiehlt sich die Betrachtung zweier Ebenen – dem unterneh-mensbezogenen und gesellschaftsbezogenen Nachhaltigkeitsmanagement. Aufgrund der Themenvielfalt von ökologischen, ökonomischen und sozialen Probleme bieten sich große Chancen für Unternehmen an. Die Unternehmen können selbst ihre Schwerpunk-te nach ihrer Relevanz setzen und haben einen Handlungsspielraum ihre CSR-Aktivitäten und Maßnahmen zu gestalten. Dabei ergeben sich Chancen, sich im Wett-bewerbsfeld neu oder besser als die Konkurrenz zu positionieren. Das unternehmensbe-zogene Nachhaltigkeitsmanagement muss aus Perspektive der externen Anspruchsgrup-pen erfolgen. Denn erst durch die Problembewältigung jener Nachhaltigkeitsprobleme, die für die Gesellschaft von hoher Bedeutung sind oder zukünftig sein könnten, erlangt das Unternehmen an Ansehen (Hasenmüller 2013: 27). Das Management gesellschaftli-cher Verantwortung beinhaltet nicht nur die normative, strategische und operative Ebe-ne, sondern auch Struktur-, Verhaltens- und Aktivitätsebene. Das CSR-Management als integratives Konzept, nachfolgend dargestellt, muss ethische Fragestellungen erkennen und behandeln. Ethik soll menschliche Normen und Werte für die allgemeine Moral vermitteln (Weis 2014 o. S.). Da das CSR-Managementsystem ein moralisches System ist, ist die Einbindung der Menschen vonnöten. Ethische und moralische Fragestellun-gen wie: „Was ist der Sinn unseres Tuns?" „Was sind die Auswirkungen unseres Tuns?" sind von zentraler Bedeutung (Schmidpeter/Schneider et al. 2015: 403).

CSR als humaner Managementansatz

CSR ist ein humaner Managementansatz,

• der auf Werten basiert,

• sich an den Kernkompetenzen der Organisation festhält,

• eine Balance zwischen Wirtschaft, Gesellschaft und Umwelt fördert,

• auf die relevanten Interessen- und Anspruchsgruppen und den Einflussbereich eingeht

• und strategisch die generationsübergreifenden Themen behandelt.

„Ziel dieses Managementansatzes ist es, nachhaltiges Wirtschaften zu fördern, welches darauf achtet, dass die Bedürfnisse der heutigen Generation befriedigt werden, ohne die **Chancen künftiger Generationen** zu beeinträchtigen" (Schmidpeter/Schneider et al. 2015: 403).

2.3.3 Definition der CSR

Im Grünbuch der Europäischen Kommission aus den Jahren 2001 und 2002 wird CSR definiert als „ein Konzept, das den Unternehmen als Grundlage dient, auf **freiwilliger Basis soziale Belange** und **Umweltbelange** in ihre **Tätigkeit** und in die **Wechselbeziehungen mit den Stakeholdern** zu integrieren" (Schmidpeter/Schneider et al. 2015: 24). Diese Definition wird durch die Mitteilung der Europäischen Kommission am 2. Juli 2002, als wie folgt erweitert: „CSR ist nicht etwas, was dem **Kerngeschäft** von Unternehmen aufgepfropft werden soll. Vielmehr geht es um die Art des Unternehmensmanagements" (Schmidpeter/Schneider et al. 2015: 24). Die internationale CSR-Definition wurde

„von der Internationalen Normungsorganisation (International Organization for Standar dization, kurz ISO) unter Einbindung aller Interessensgruppen und unter Mitwir- kung von 450 Experten aus fast 100 Ländern in knapp sechs Jahren entwickelt" (BMAS 2011: 6)

und ist unter der Bezeichnung ISO 26000 vorzufinden. Die ISO definiert gesellschaftliche Verantwortung als die „Verantwortung einer Organisation für die Auswirkungen ihrer Entscheidungen und Aktivitäten auf die Gesellschaft und die Umwelt durch transparentes und ethisches Verhalten, das:

- zur nachhaltigen Entwicklung, Gesundheit und Gemeinwohl eingeschlossen, beiträgt,
- die Erwartungen der Anspruchsgruppen berücksichtigt,
- anwendbares Recht einhält und im Einklang mit internationalen Verhaltensstandards steht,
- in der gesamten Organisation integriert ist und in ihren Beziehungen gelebt wird" (BMAS 2011: 10).

Darüber hinaus bildet die ISO 26000 das Fundament für das Bewusstsein gesellschaftlicher Verantwortung aus sieben Prinzipien (Rechenschaftspflicht, Transparenz, ethisches Verhalten, Achtung der Interessen der Anspruchsgruppen, Achtung der Rechtsstaatlichkeit, Achtung internationaler Verhaltensstandards und Achtung der Menschenrechte) sowie aus sieben Kernthemen gesellschaftlicher Verantwortung: (Organisationsführung, Menschenrechte, Arbeitspraktiken, Umwelt, faire Betriebs- und Geschäftspraktiken, Konsumentenanliegen, Einbindung und Entwicklung der Gemeinschaft) (BMAS 2011: 11-13). Die ISO 26000 als globale Definition enthält die wichtigsten CSR Grundeigenschaften und wird als „über die gesetzlichen Bestimmungen hinaus" (Schmidpeter/Schneider et al. 2015: 27) definiert.

Zunehmend entwickeln Unternehmen eine CSR Kultur. Sie erkennen, dass ein dauerhaft wirtschaftlicher Erfolg nicht allein über Profitmaximierung, sondern vielmehr über das verantwortliche Handeln sich generieren lässt. Wenn die Unternehmen ihre unternehmerische Tätigkeiten so gestalten, dass sie Wachstum und Wettbewerbsfähigkeit fördern und gleichzeitig Umweltschutz, soziale Verantwortung und Verbraucherinteressen einbeziehen, können sie zur nachhaltigen Entwicklung beitragen (EU Kommission 2001: 6). Unternehmen praktizieren CSR auf freiwilliger Basis, weil sie der Ansicht sind, auf eine bessere Gesellschaft, eine saubere Umwelt und Unternehmenserfolg hinzuwirken (EU Kommission 2001: 4). Wie CSR ausgeübt wird, ist abhängig von der spezifischen Unternehmenssituation und dem Umfeld, in dem es tätig ist, sei es in Europa oder in anderen Teilen der Welt. Deshalb ist es wichtig, in den Mitgliedstaaten und in den Beitrittsländern ein einheitliches CSR-Verständnis zu fördern (EU Kommission 2001: 6).

2.3.4 Nachhaltigkeitsberichterstattung

Mit Hilfe von Nachhaltigkeitsberichten wollen Unternehmen ihre gesellschaftliche Verantwortung und ihr Engagement kommunizieren. Wichtig sind die ökologischen, ökonomischen und sozialen Zielen, sowohl im Unternehmen als auch in der Gesellschaft, zu konzipieren. Dabei müssen insbesondere die Zielkonflikte zwischen den drei Dimensionen erkannt und gelöst werden. Hierfür soll ein Management nachhaltigkeitsrelevante Faktoren in das Unternehmen integrieren und managen (Langner 2016).

Die Nachhaltigkeitsberichterstattung wurde erstmals in den 1970er Jahren erstellt, als Unternehmen begonnen haben, auch nicht-finanzielle Informationen zu veröffentlichen. Diese Entwicklung war besonders in Westeuropa zu beobachten, wo sogenannte Sozialbilanzen erstellt wurden. Die Sozialbilanzen bestanden aus Unternehmensinformationen zu ihrer sozialen Leistung wie Arbeitsplatzbeschaffung, Steuerzahlungen und Sozialleistungen, der Qualität ihrer Produkte und des humanitären Engagements am Standort. Diese Berichterstattung wurde primär von multinationalen Großunternehmen ausgeführt, da diese in den 1970er Jahren „aufgrund ihrer wachsenden ökonomischen Macht zunehmend in Kritik geraten waren und versuchten, dieser durch die freiwillige Offenlegung von Information zu begegnen (Abbott und Monsen 1979)" (Fifka 2014: 3-4). Auch in den 1980er Jahren geraten vermehrt Großunternehmen unter Verdacht, keine ökologische Verantwortung zu übernehmen. Ökologische Katastrophen wie den Atomunfällen in Harrisburg in den Vereinigten Staaten (1979) und Tschernobyl in der Ukraine (1986), dem Chemieunfall von Bophal, Indien (1984) und der Katastrophe des Öltankers Exxon Valdez in Alaska (1989) waren die Ursachen für den Verdacht einer vernachlässigten ökologischen Verantwortung (Fifka 2014: 3). Erst nachdem die Gesellschaft nach mehr ökologischer Verantwortung appelliert hatte, sahen einige Unternehmen in den 1990er Jahren einen potentiellen Wettbewerbsvorteil aufkommen. So erlangte die Berichterstattung immer mehr an Bedeutung und Umweltaspekte wurden in das „Zentrum der Aufmerksamkeit" (Fifka 2014: 3) gestellt, um Reputation und Imagevorteile zu erzielen. Vor diesem Hintergrund wurde der Sozialbericht häufig von einem Umweltbericht abgelöst.

Die Berichterstattung über soziale, ökologische und ökonomische Aspekte war erst nach der Jahrtausendwende zu beobachten. Mit dieser inhaltlichen Erweiterung wurden die Berichte unter den Titeln wie Corporate (Social) Responsibility Report, Corporate Citizenship Report, Sustainability Report oder auch Nachhaltigkeitsbericht veröffentlicht. Der erste Corporate Citizenship (CC) Report in Deutschland wurde von dem Unternehmen Siemens im Jahr 2000 vorgelegt. Im Jahr 2011veröffentlichten 95 Prozent der 250 weltweit größten Unternehmen einen eigenständigen Nachhaltigkeitsbericht („stand alone report") (KPMG 2011; Fifka 2014: 1). Noch im Jahr 1999 waren es nur 35 Prozent der größten 250 Unternehmen weltweit, die einen solchen Bericht veröffentlichten. Nachhaltigkeitsberichte müssen den Grundsätzen „Wahrheit" und „Wesentlichkeit" gerecht werden und ein reales Bild des Unternehmens darlegen. Weitere Grundsätze einer Berichterstattung sind „Klarheit, Stetigkeit und Vergleichbarkeit" (BMUM 2009: 5).

Die Nachhaltigkeitsberichterstattung ist sowohl von Herausforderungen als auch von Chancen geprägt. Eine grundsätzliche Herausforderung besteht in der Auseinandersetzung mit dem Business Case, „also der unternehmerischen Rechtfertigung für eine bestimmte Handlung" (Fifka 2014: 10). Da dieser Business Case meist an monetären Größen verknüpft ist, d. h. eine bestimmte Handlung rentabel sein muss, befindet sich die Nachhaltigkeitsberichterstattung in einem Dilemma. Denn die mit ihr verbundenen Kosten (z. B. Druckkosten, Versand etc.) können bestimmt werden, hingegen die „Erlöse" oder Vorteile aus der Berichterstattung kaum bzw. nicht monetär zu quantifizieren sind (Fifka 2014: 10). Hinzu kommen finanzielle und technologische Herausforderungen der Nachhaltigkeitsberichterstattung. Dieser ist mit einem hohen Aufwand verbunden, vor allem, wenn nach den umfassenden Berichtsstandards wie der GRI (Global Reporting Initiative), die aus 58 ökologischen, sozialen und wirtschaftlichen Kernindikatoren besteht, gehandelt wird und quantifizierbare Indikatoren offengelegt werden. Dabei fehlen häufig das technische Know-how und die finanziellen Mitteln, um die erforderlichen Messungen – z. B. Emissionsmengen oder Recyclingquoten durchführen zu können (Fifka 2014: 11).

Die Bereitstellung von Nachhaltigkeitsberichterstattungen bietet neben der Notwendigkeit, einen Bericht aufgrund eines medialen und öffentlichen Drucks zu veröffentlichen, auch Chancen für ein Unternehmen zu entwickeln. So können Unternehmen das Verhältnis zu ihren Stakeholdern (Kunden, Lieferanten, Investoren) verbessern, indem sie ihnen die gewünschte Informationen bereitstellen und einer offenen Kommunikation gegenüberstehen. Nachhaltigkeitsberichte sind jedoch nicht nur eine Informationsquelle für Stakeholder, sondern auch für potentielle ArbeitnehmerInnen. Diese achten bei der Stellensuche vermehrt auf ein sozial und ökologisch orientiertes Unternehmen und nicht nur auf die Höhe des Gehalts (Blumberg 2007).

3 CSR in der Textilindustrie

Seitdem negative Medienereignisse wie z. B. der Fabrikeinsturz in Bangladesch in der Öffentlichkeit kursieren, rückt das Thema Nachhaltigkeit und insbesondere die gesamtgesellschaftliche Verantwortung von Unternehmen immer mehr in den Vordergrund. Ziel des CSR ist es so nachhaltig wie möglich zu wirtschaften. Das bedeutet umweltverträglich, ethisch und sozial verantwortlich und zugleich ökonomisch erfolgreich. Um das zu erreichen sind zunächst die Problemfelder in der Textilindustrie zu klären sowie die entsprechenden CSR-Maßnahmen herauszustellen.

3.1 Handlungsrahmen von CSR

Die Herstellung von Bekleidung gehen mit einem enormen Ressourcenverbrauch, erheblicher Umweltbelastung und menschenunwürdigen Arbeits- und Sozialbedingungen einher. Diese negativen Auswirkungen prägen den Handlungsrahmen, der sowohl aus zahlreichen Problemen als auch den angemessenen Möglichkeiten für ein verantwortungsvolles unternehmerisches Handeln besteht. Im weiteren Verlauf werden die wichtigsten Problemfelder dargestellt.

3.1.1 Problemfelder in der Textilindustrie

Mehr als sechzig Millionen Menschen arbeiten in der Textil- und Bekleidungsindustrie, die meisten von ihnen in Entwicklungs- und Schwellenländern (BMZ o. J.). Die prekäre Arbeitssituation in den Fabriken ist durch miserable Produktions- und Arbeitsbedingungen, schwere Umweltverschmutzungen, Niedriglöhne, Diskriminierung sowie durch weitere Umwelt- und Sozialprobleme gekennzeichnet. Auf die wichtigsten Probleme in der Textilindustrie wird im Einzelnen eingegangen. Die schwierigen Lebens- und Arbeitsbedingungen führen zu sozialen Auseinandersetzungen (z. B. Demonstrationen, Streiks, Unfälle in Fabriken der Produzenten, Nichteinhaltung von Arbeitszeit) (Bank J. Safra Sarasin AG 2014: 7).

Soziale Herausforderungen

Mindestlöhne

Der gesetzliche Mindestlohn (Mininum wage) in Bangladesch und Kambodscha beträgt nur einen geringen Teil des benötigten Lebensunterhaltes (Living wage; Abbildung 5) (Bank J. Safra Sarasin AG 2014: 7).

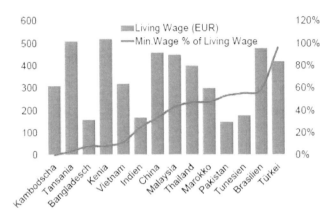

Abbildung 6: Lebenserhaltungskosten und Mindestlöhne

Quelle: Bank J. Safra Sarasin AG (2014: 6)

Der „Minimum Wage Act" von 1948 setzt einen gesetzlichen Mindestlohn fest, der im indischen Textilsektor zur Zeit bei umgerechnet 2,73 Euro pro Tag (71 Euro im Monat) liegt. Die „Asia Floor Wage Campaign" errechnete unter Berücksichtigung der Kaufkraftparität (KKP) für das Jahr 2012 einen fordernden Mindestlohn im indischen Textilsektor von 12.096 Rupien (170 Euro) im Monat. Im Rückschluss bedeutet, dass im Falle des „Minimum Wage Acts" die ArbeiterInnen nicht einmal die Hälfte des fordernden Mindestlohns bekommen (Burckhardt 2013: 70). Damit kann nicht nur der Lebensunterhalt nicht finanziert werden, der zu niedrigere Lohn bringt auch andere armutsbedingte Probleme mit sich. Dazu zählen: Mangelernährung, fehlende Arbeits- und Krankenversicherung, fehlender Mutter- und Kündigungsschutz, mangelnde soziale Sicherheit, schlechte Wohnbedingungen, eingeschränkter Zugang zu Bildung und eine begrenzte Teilnahme am kulturellen und politischen Leben (Bank J. Safra Sarasin AG 2014).

Arbeitszeiten

Die meisten NäherInnen arbeiten bis zu 16 Stunden am Tag. Trotz gesetzlicher Regelungen ist es üblich, dass an sieben Wochentagen gearbeitet wird. Die Frauen leisten monatlich zwischen elf und dreißig unbezahlte Überstunden, um das Produktionssoll zu erlangen. Die Überstunden werden kurzfristig einige Stunden vorher angekündigt. Etwa 80 Prozent der Frauen verlassen die Fabrik erst zwischen 20 und 22 Uhr, nachdem sie ab acht Uhr morgens gearbeitet haben (Burckhardt 2013: 11). Da die ArbeiterInnen nach Stückzahl bezahlt werden, müssen sie Akkordarbeit leisten. Krankheits- oder Urlaubsgeld wird nicht ausgezahlt. Jegliche Verstöße gegen national oder international geltende Arbeitsrechtsbestimmungen werden selten verfolgt und bleiben somit oft ohne Konsequenzen (BMZ o. J.).

„Wir machen jeden Tag Überstunden. In Spitzenzeiten arbeiten wir bis 2 oder 3 Uhr morgens. Obwohl wir erschöpft sind, haben wir keine andere Wahl. Wir können die Überstunden nicht ablehnen. Unser Grundlohn ist einfach zu niedrig."
Phan, 22- jährige Textilarbeiterin in Thailand (BMZ o. J.)

Gewerkschaftsarbeit

Wenn sich ArbeiterInnen in Textilfabriken zusammenschließen, hätten sie Möglichkeiten, für ihre Rechte und Lohnforderungen einzutreten. Im Kollektiv bestünde die Chance über Arbeitsbedingungen und Geschäftsbeziehungen erfolgreicher zu verhandeln als allein. Obwohl die Versammlungs- und Vereinigungsfreiheit (Artikel 20 der Allgemeinen Erklärung der Menschenrechte) ein grundlegendes Menschenrecht ist und in Artikel 23 (Recht auf Arbeit, gleichen Lohn) der Allgemeinen Erklärung der Menschenrechte festgeschrieben steht, dass jeder das Recht hat, zum Schutz seiner Interessen Gewerkschaften zu bilden und solchen beizutreten (Amnesty International 2009), kennen die ArbeiterInnen oftmals ihre Rechte nicht. Zudem werden jegliche Versuche der Belegschaft sich zu organisieren von den Textilfabrikanten behindert oder verhindert. Die ArbeiterInnen werden von ihren Managern eingeschüchtert und im Arbeitsalltag benachteiligt. In vielen Produktionsländern der Textilindustrie sind Gewerkschaften bezüglich ihrer Handlungsmöglichkeiten gesetzlich eingeschränkt. So wird ihnen der Zugang zu

den Fabriken von den Managern nicht gewährt. Die Angst vor Entlassungen, wenn sie sich organisieren, ist bei vielen ArbeiterInnen zu groß. Zugleich fehlt vielen TextilarbeiterInnen angesichts von Überstunden und Haushaltsführung die nötige Zeit. Das führt dazu, dass lediglich vier Prozent der 500.000 TextilarbeiterInnen einer der fünf unabhängigen Textilgewerkschaften angehören, Fabrikgewerkschaften gibt es trotz Gewerkschaftsgesetz jedoch keine (Burckhardt 2013: 70).

Diskriminierung

Die Frauen werden täglich durch ihre Vorgesetzten beschimpft und diskriminiert, wenn sie sich beispielsweise weigern, Überstunden oder Nachtschichten zu machen. Auch sexuelle Belästigungen gehören zum Arbeitsalltag, jedoch werden diese von den Frauen aus Scham selten bis gar nicht erwähnt. In einigen Ländern verlangen Fabriken von den Frauen Schwangerschaftstests, bevor sie eingestellt werden, was auf eine Diskriminierung von Frauen hindeutet (Burckhardt 2013: 11). Gründe für die bevorzugte Einstellung von Frauen in der Textilindustrie seien u. a. die besondere Eignung für filigrane Tätigkeiten wie das Knüpfen von Teppichen oder das Bestäuben von Hybridpflanzen – zum Beispiel Baumwolle (Voge 2014: 21). Aufgrund ihrer Fingerfertigkeit würden sie eine Nähmaschine besser bedienen als Männer. Faktisch lässt sich aber festhalten, dass sobald eine Tätigkeit besser entlohnt wird, sie von Männern verrichtet wird. Viele männliche Schneider in Teilen Asiens und Afrikas führen ein eigenes Geschäft. „Die patriarchalische Erziehung verlangt von ihnen Unterordnung unter Autoritäten und generell unter den Mann, sodass sie sich kaum gegen Ausbeutung wehren" (Burckhardt 2013: 11).

Zwangsarbeit und Kinderarbeit

Die ILO (International Labour Organization) definiert Zwangsarbeit von Kindern als Arbeit, die aufgrund eines Zwangs durch Dritte, die nicht ihre Eltern sind, ausgeübt wird. Zu den Opfern von Zwangsarbeit zählen ebenfalls Kinder, die gemeinsam mit ihren Eltern oder Erziehungsberechtigten arbeiten müssen, da diese zur Zwangsarbeit gezwungen werden (Hütz-Adams 2014: 4). Die Zahl, der von Zwangsarbeit Betroffenen im Jahr 2012, lag nach Schätzungen der ILO bei 20,9 Millionen. Von diesen wiederum sind rund 5,5 Millionen (26 Prozent) Kinder (Hütz-Adams 2014: 11). Mehr als die Hälfte der ZwangsarbeiterInnen kommen aus Asien und weitere 18 Prozent aus Afrika (ebd.).

Kinder, vor allem Mädchen, werden aufgrund ihrer manuellen Geschicklichkeit in der Produktion von Baumwollsaatgut eingestellt. Für die Bauern im Baumwollsaatgut-Anbau sind sie preiswerte Arbeitskräfte. Laut der Environmental Justice Foundations, einer Londoner Umwelt- und Menschenrechtsorganisation, waren bei der Ernte im Jahr 2009 etwa eine Million Kinder (ab einem Alter von zehn Jahren) in Usbekistan zum Baumwollpflücken zwangsverpflichtet (Konsument 2010). Europa zählt zu den Hauptabnehmern usbekischer Baumwolle. Die Kinder erleben verheerende Arbeits- und Lebensbedingungen. Dazu zählen lange Arbeitszeiten, erzwungene Überstunden, Bestrafungen (Entzug von Essen, Wasser, Schlaf etc.), katastrophale Unterkünfte, physische und psychische Gewalt, ständige Überwachung und geringer Arbeitslohn (Hütz-Adams 2014: 5).

Auch Kinder, die in den Spinnereien der indischen Textilindustrie arbeiten, meistens Mädchen und junge Frauen im Alter von 14–25 Jahren, manchmal auch jünger, sind desaströsen Arbeitsbedingungen ausgesetzt. Das sogenannte Sumangali-System stellt Mädchen und junge Frauen ein, die aus den ärmsten Gegenden Tamil Nadus stammen, für einen festen Zeitraum von drei bis fünf Jahren als Lehrlinge in Spinnerei und Näherei zu arbeiten. Das System ist gleichzusetzen mit dem der Schuldknechtschaft. Sumangali bedeutet auf Tamil glückliche Braut oder glückliche, verheiratete Frau und deutet daraufhin, dass sich die Mädchen durch ihre Arbeit ihre Mitgift, die sie in eine Ehe mitzubringen haben, dazu verdienen kann. Bei der Rekrutierung werden den Mädchen Versprechungen wie angenehme Lebens- und Arbeitsbedingungen, Weiterbildungsmöglichkeiten und die Auszahlung einer angemessenen Geldsumme am Vertragsende, zugeteilt.

Die Realität sieht anders aus. Die Arbeitswoche der Mädchen besteht aus 8- oder bis zu 16-Stunden-Schichten an sieben Tagen in lauten, staubigen Fabriken. Zudem erhalten sie sehr geringe Löhne und eine einmalige Summe von etwa 300 bis 900 Euro am Vertragsende, die von ihrem Lohn zurückbehalten wird, um die Finanzierung der Mitgift für ihre Heirat zu ermöglichen (Voge 2014: 26).

Ökologische Herausforderungen

Pestizideinsatz im Baumwollanbau

Etwa zehn Prozent der weltweit eingesetzten Pestizide und 25 Prozent der Insektiziden werden im konventionellen Baumwollanbau eingesetzt. Zur Produktion eines Baumwolle T-Shirts wird das doppelte bis vierfache des T-Shirts-Gewichts an Chemikalien eingesetzt, darunter u. a. Pestizide, Farbstoffe und Pigmente (Eberle 2010). Die eingesetzten Pestizide sind seitens des Pestizid Aktions-Netzwerks e. V. (PAN) als hochgefährlich eingestuft. Der Einsatz von Pestiziden hat auf die BaumwollarbeiterInnen schwere gesundheitsschädliche Auswirkungen. Sie können chronische Schädigungen unterschiedlicher Art verursachen. Pestizide können Krebs auslösen, das Erbgut schädigen oder hormonell wirksam sein und akute Vergiftungen hervorrufen. Nach Angaben von PAN vergiften sich jährlich etwa drei Mio. Menschen weltweit mit Pestiziden. Trotz der Gefahren werden die ArbeiterInnen weder ausreichend im Umgang mit toxischen Substanzen geschult, noch steht ihnen entsprechende Schutzkleidung zur Verfügung. Im kontrolliert ökologischen Baumwollanbau sind Pestizide verboten (Eberle 2010).

Wasserverbrauch

Der Baumwollanbau ist durch einen enormen Wasserverbrauch gekennzeichnet. Die Produktion einer Kilogramm Baumwollfaser benötigt 22.000 – 25.000 Liter Wasser. Die nach Deutschland importierte Baumwoll-Kleidung verbrauchen pro Jahr 5.464 Mio. m³ Wasser weltweit: in Indien (988 Mio. m³), der Türkei (760 Mio. m³), Pakistan (365 Mio. m³), Usbekistan (356 Mio. m³), Bangladesch (348 Mio. m³) und in China (262 Mio. m³) (Eberle 2010). Der Wasserverbrauch für Baumwolltextilien liegt demnach pro Kopf bei etwa 180 Litern pro Tag. Im Jahr 2007 belief sich der Wasserverbrauch in Deutschland noch auf 122 Litern pro Kopf und Tag. Für die Produktion eines Kilogramms Polyesterfasern wird mit einem Wasserverbrauch von etwa 17 Litern, für die Herstellung eines Kilogramms Viskosefaser mit 350 Litern, gerechnet (Eberle 2010). Das Abwasser in der Textilveredlungsindustrie ist eines der bedeutendsten Umweltgröße (textil+mode 2012: 11). Durch Flussumleitungen zur Bewässerung von Baumwollplantagen, insbesondere in Usbekistan, führten seit dem Jahr 1950/60 dazu, dass der eins der viertgrößte See der

Welt auf zwei Drittel der ursprünglichen Fläche schrumpfte (MKG 2015: 11). Der See zerfiel wegen Austrocknung in mehrere Teile. Die Austrocknung des Aralsees stellt weltweit eine der größten vom Menschen verursachten Umweltkatastrophen dar (ebd.).

Weiterer Ressourcenverbrauch

Für die Produktion von synthetischen Chemiefasern (z. B. Polyamid, Polyacryl, Polyester) wird Erdöl verwendet. Derzeit werden 0,8 Prozent des Erdöls zur Herstellung synthetischer Chemiefasern eingesetzt. Hinzu kommen fossile Energieträger wie Kohle und

Erdgas, die während der Faserproduktion zur Erzeugung der benötigten Energie verwendet werden (Eberle 2010).

Zur Produktion von Naturfasern und cellulosischen Chemiefasern (z. B. Viskose, Lyocell) wird Fläche benötigt:

- 0,8 ha für eine Tonne cellulosische Chemiefasern,
- 1,3 ha für eine Tonne Baumwolle und
- 67 ha für eine Tonne Wolle.

Die benötigte Fläche zur Faserproduktion belief sich im Jahr 2006 auf etwa 1.300.000 km².

3.1.2 CSR Maßnahmen

Aufgrund der genannten Problemfelder in der Textilindustrie bestehen für die Unternehmen diverse Möglichkeiten für ihr Handeln Verantwortung zu übernehmen. Neben der freiwilligen Vereinbarung, dem Code of Conduct, haben sich auf internationaler Ebene die OECD-Leitsätze für multinationale Unternehmen, die ILO-Verhaltensrichtlinien, die ISO 26000, die UN Global Compact sowie die Norm SA8000 als führende CSR Instrumente durchgesetzt. Das Bündnis für nachhaltige Textilien, dem viele Modeunternehmen angeschlossen sind, wird ebenfalls vorgestellt.

Code of Conduct

Der Code of Conduct, übersetzt Verhaltenskodex, dient allen Unternehmen der Textilbranche als freiwilliges Instrument und eine Leitlinie für gesellschaftlich nachhaltig unternehmerisches Handeln, an dem sie ihre Unternehmenspolitik individuell ausrichten können (IHK 2012). Der Verhaltenskodex besagt, dass Unternehmen bei allen unternehmerischen Entscheidungen stets die Auswirkungen in ökonomischer, ökologischer und sozialer Hinsicht beachten und diese in einen angemessenen Interessenausgleich bringen sollen. Die Prinzipien des UN Global Compacts dürfen dabei nicht außer Acht gelassen werden. Darüber hinaus sind Geschäftspartner fair zu behandeln und Verträge einzuhalten. Ethische Werte und Prinzipien, besonders die Menschenwürde, sind zu berücksichtigen (Lindner o. J.: 2). Die Verhaltensstandards werden unternehmensspezifisch oder innerhalb der Branche entwickelt (FAIRantwortlich handeln o. J.).

OECD-Leitsätze

Die Organisation für wirtschaftliche Zusammenarbeit und Entwicklung (englisch Organisation for Economic Co-operation and Development, OECD) ist eine internationale Organisation mit 35 Mitgliedstaaten, die sich für verantwortungsvolles Verhalten von Unternehmen verpflichtet fühlen (OECD o. J.).

Die OECD-Leitsätze für multinationale Unternehmen sind ein Verhaltenskodex für verantwortungsvolles Handeln von Unternehmen. In zehn Kapiteln geben die Leitsätze Empfehlungen für verantwortliches Unternehmerverhalten in Bezug auf Transparenz, Arbeitsbeziehungen, Umwelt, Korruption, Verbraucherschutz, Technologietransfer, Wettbewerb und Steuern (FAIRantwortlich handeln o. J.). Sie beziehen sich auf internationale Vereinbarungen wie die allgemeine Erklärung der Menschenrechte und die ILO-Kernarbeitsnormen und heben das Leitbild der nachhaltigen Entwicklung sowie das Vorsorgeprinzip hervor (ebd.).

Die Leitsätze wurden bislang von den OECD-Mitgliedern sowie Ägypten, Argentinien, Brasilien, Litauen, Marokko, Rumänien und Peru unterzeichnet, die sich verpflichten die Richtlinien einzuhalten sowie eine nationale Kontaktstelle (NKS) einzurichten. Im Falle eines Verstoßes gegen die Leitsätze können Beschwerden gegen ein im Land ansässiges oder tätiges Unternehmen vorgebracht werden. Die Kontaktstelle leitet

bei Annahme der Beschwerdefällen ein Vermittlungsverfahren zur Klärung ein. Das Verfahren ist auf eine dialogorientierte, einvernehmliche Konfliktlösung zwischen den Parteien ausgerichtet (FAIRantwortlich handeln o. J.).

Aufgrund des Beschwerdemachinsmus, kann Fehlverhalten von Unternehmen an die Öffentlichkeit gelangen und somit Druck auf die Unternehmen ausgeübt werden. Die Leitsätze richten sich jedoch nur an multinationale Unternehmen und sind nicht auf die Bedürfnisse und Anforderungen von KMU (Kleine und mittlere Unternehmen) ausgerichtet (ebd.).

ISO 26000

Die internationale Norm ISO 26000 – in Deutschland als DIN ISO 26000 veröffentlicht – soll Unternehmen und anderen Organisationen als Leitfaden zur gesellschaftlichen Verantwortung dienen. Sie wurde von der Internationalen Normungsorganisation (International Organization for Standardization, ISO) in Zusammenarbeit mit sechs Interessensgruppen (Industrie, Gewerkschaften, Konsumenten, Behörden, NGOs sowie eine weiteren Gruppe, die unter anderem Beratung, Dienstleistung und Forschung umfasste) (Pachali 2011) und unter Mitwirkung von 450 Experten aus fast 100 Ländern in knapp sechs Jahren entwickelt (BMAS 2011: 7).

Der Leitfaden liefert keine konkrete Handlungsanleitung und ist nicht zertifizierbar. Die gesellschaftliche Verantwortung wird in folgenden sieben Prinzipien festgehalten:

- **Rechenschaftspflicht**: Rechenschaft zu umwelt- und gesellschaftsbezogenen Auswirkungen seitens der Organisationen soll abgelegt werden.
- **Transparenz**: Unternehmerische Handlungen und Entscheidungen sollen in einem vernünftigen Umfang offengelegt werden und nachvollziehbar sein.
- **Ethisches Verhalten**: Sorge um andere Menschen, Tiere und Umwelt.
- **Achtung der Interessen der Anspruchsgruppen** (Stakeholder)
- **Achtung der Rechtsstaatlichkeit**
- **Achtung internationaler Verhaltensstandards** (z. B. die der Internationalen Arbeitsorganisation, ILO)
- **Achtung der Menschenrechte** (Pachali 2011).

Neben den genannten sieben Prinzipien umfasst die ISO 26000 Kernthemen, die zur gesellschaftlicher Verantwortung und nachhaltiger Entwicklung beitragen soll. Zu den Kernbereichen gehören: Organisationsführung (Prozesse und Strukturen), Menschenrechte, Arbeitspraktiken (z. B. Tarife, Gesundheitsschutz), Umwelt (Ressourcennutzung), faires Handeln (Korruption, fairer Wettbewerb), Verbraucherangelegenheiten (z. B. ausreichende Informationen, Schutz von Kundendaten) sowie Einbindung und Entwicklung der Gesellschaft (z. B. Investitionen zugunsten des Gemeinwohls, regionale Anbindung, Einbindung in Bildung und Kultur) (Pachali 2011). Bei der ISO 26000 handelt es sich um einen unverbindlichen Leitfaden, der Organisationen helfen soll, ihre gesellschaftliche Verantwortung zu erkennen, mögliche Vorgehensweisen auszuwählen und vorhandene Instrumente zu verbessern.

ILO

Die International Labour Organization (ILO) ist eine im Jahr 1919 ins Leben gerufene Sonderorganisation der Vereinten Nationen, mit derzeit 183 Mitgliedsstaaten, die sich für soziale Gerechtigkeit, Menschen- und Arbeitsrechte sowie Armutsbekämpfung einsetzt. ILO ist für die Weiterentwicklung von internationalen Arbeitsstandards verantwortlich und unterstützt ihre Mitglieder bei der Implementierung der Standards. Die ILO weist eine Vielzahl an Übereinkommen (z. B. Mutterschutz, Verfahren zur Festsetzung von Mindestlöhnen etc.) und Empfehlungen auf. „Übereinkommen sind Urkunden deren Ratifizierung durch die Regierung eines Mitgliedstaates rechtliche Verpflichtungen begründet" (ILO o. J.). Empfehlungen müssen nicht ratifiziert werden, sie geben lediglich Orientierungshilfe für die Politik. Da die Ratifikation der ILO-Normen freiwillig ist, kann somit kein Mitgliedsstaat hierzu gezwungen werden (ebd.). Um menschenwürdige Arbeitsbedingungen und einen hinreichenden Schutz gewährleisten zu können, wurden die ILO-Kernarbeitsnormen von der International Labor Organization definierten Arbeits- und Sozialstandards entwickelt. Zur Sicherung von menschenwürdigen Arbeitsbedingungen wurden in acht Übereinkommen Standards formuliert, die auf folgenden vier Grundprinzipien basieren:

- Vereinigungsfreiheit und Recht auf Kollektivverhandlungen,
- Beseitigung der Zwangsarbeit,
- Abschaffung der Kinderarbeit und
- Verbot der Diskriminierung in Beschäftigung und Beruf (IHK 2012: 31)

„Die vier Grundprinzipien beschränken sich allerdings nicht auf die acht Kernarbeitsnormen; als tragende Orientierungs- und Handlungsmaximen der ILO durchziehen sie eine Vielzahl anderer Übereinkommen und Empfehlungen" (ILO o. J.). Die ILO-Kernarbeitsnormen sind für Unternehmen eine wichtige Orientierung für CSRStandards bezüglich der Arbeitsbedingungen (HK 2012: 31).

SA8000

Die Norm SA8000 (Social Accountability 8000) ist ein internationaler Standard für die Auditierung und Zertifizierung von Arbeitsbedingungen in Unternehmen. Die SA8000 überprüft die Einhaltung von Menschenrechten in produzierenden Unternehmen sowie den Umgang mit MitarbeiterInnen. Zu den Standards gehören u. a. die Einführung menschenwürdiger Arbeitsbedingungen, Vereinigungsfreiheit, Verbot von Kinderarbeit und Zwangsarbeit, Diskriminierung, Festlegung von maximalen Wochenarbeitszeiten sowie die Zahlung von existenzsichernden Mindestlöhnen (IHK 2012: 55; Lexikon der Nachhaltigkeit 2015). Neben den weltweiten Standards für Arbeitsverhältnisse umfasst die SA8000 bereits bestehende internationale Vereinbarungen sowie den ILO-Konventionen, der Allgemeinen Erklärung der Menschenrechte und der UN-Konvention über die Rechte eines Kindes (SGS o. J.). Für eine Zertifizierung mit dem SA8000 Standard müssen sich die Unternehmen selbständig bei der SAI (Social Accountability International), einer finanziell unabhängigen internationalen Nichtregierungsorganisation, anmelden. Die Zertifizierung und Befolgung beruht auf freiwilliger Basis.

UN Global Compact

Der United Nations Global Compact (deutsch: Globaler Pakt der Vereinten Nationen) ist der weltweit größte und wichtigste Pakt für eine verantwortungsvolle Unternehmensführung. In zehn Prinzipien erklärt ein Unternehmen zukünftig soziale und ökologische Mindeststandards einzuhalten und zu befolgen. Bereits über 13.000 Unternehmen und Organisationen aus Zivilgesellschaft, Politik und Wissenschaft in 170 Ländern wollen diese Vision verwirklichen (Global Compact o. J.).Die zehn Prinzipien des UN Global Compact umfassen Menschenrechte, Arbeitsnormen, Umweltschutz und Korruptionsprävention (Global Compact o. J.). Der Pakt ist nicht zertifizierbar und kein Regulierungsinstrument, vielmehr wird dieser als ein offenes Forum verstanden, in dem Veränderungsprozesse und Ideen entstehen. Die TeilnehmerInnen entwickeln in nationalen Netzwerken konkrete Lösungsansätze und tragen somit zur globalen Vision des UN Global Compacts bei (ebd.). Die Tabelle 1 gibt einen zusammenfassenden Überblick über die Instrumente der Corporate Social Responsibility sowie die CSR Aspekte, welche den einzelnen Instrumenten zugeordnet sind.

Instrumente	Name	CSR Aspekt
Verhaltenskodizes	**ILO Kernarbeits-normen** (International Labour Organization)	Arbeitsbedingungen
	OECD-Leitsätze für multinationale Unternehmen	Menschenrechte Beschäftigung Umweltschutz Korruptionsbek
	Global Compact United Nations	Menschenrechte Umweltschutz Korruptionsbek Zwangs- und Kinderarbeit sonstige Arbeitnehmerrechte
Standards	**SA 8000** (Social Accountability International)	Arbeitsbedingungen
	ISO 26000 (International Organization for Standardization)	Umweltmanagementsystem

Tabelle 1: CSR Instrumente

Quelle: Eigene Darstellung in Anlehnung an Pommerening (2005: 19)

Bündnis für nachhaltige Textilien

Das Bündnis für nachhaltige Textilien (kurz: Textilbündnis) ist eine Multi-Stakeholder Initiative, bestehend aus VertreterInnen der Wirtschaft, Zivilgesellschaft, Standardorganisationen und Gewerkschaften, die soziale, ökologische und ökonomische Verbesserungen entlang der Textillieferkette anstreben sowie die Arbeits- und Lebensbedingungen in der Textilindustrie in Niedriglohnländern verbessern wollen (Textilbündnis o. J.).

Das Textilbündnis wurde am 16. Oktober 2014 unter der Führung des Bundesministerium für wirtschaftliche Zusammenarbeit und Entwicklung (kurz: BMZ) gegründet und ist eine Reaktion auf den Fabrikeinsturz von Rana Plaza in Bangladesch im Jahr 2013. Mehr als 140 Unternehmen und Organisationen (Stand August 2015) schlossen sich dem Bündnis an (BMZ 2015: 7). Um die sozialen, ökonomischen und ökologischen Herausforderungen entlang der gesamten Lieferkette des Textil- und Bekleidungssektors zu überwinden, wurden Bündnis-Standards für die gesamte Wertschöpfungskette der Rohstoffgewinnung und der Textil- und Bekleidungsproduktion formuliert. Die

Standards orientieren sich an internationalen Grundsätzen wie den Kernarbeitsnormen der internationalen Arbeitsorganisation (ILO), den OECD-Leitsätzen für multinationale Unternehmen und den Leitprinzipien für Wirtschaft und Menschenrechte der Vereinten Nationen (BMZ 2015: 11). Bereits bestehende Standards wie zum Beispiel für Biotextilien und den fairen Handel, technische Industriestandards sowie Verhaltenskodizes der Wirtschaft sind inbegriffen (ebd.). In dem sogenannten Aktionsplan Bündnis für nachhaltige Textilien 2.0, vom 13. April 2015, sind verbindliche Standards definiert. Sie beziehen sich auf Ziele, Umsetzungsstrategien, Strukturen der Zusammenarbeit sowie Teilnahmebedingungen für die Gewinnung von Rohstoffen und ihre Verarbeitung in der Textil- und Bekleidungsproduktion (BMZ 2015: 12).

Um einen Überblick über die Erreichung einiger Bündnisziele zu geben, sollen im Folgenden einige wichtige Entwicklungen und Fortschritte in der Textilindustrie aufgezeigt werden. Für die Förderung der Baumwollproduktion, unterstützt das BMZ (Bundesministerium für wirtschaftliche Zusammenarbeit und Entwicklung) die Initiative Cotton made in Africa (CmiA). Die Textilunternehmen zahlen eine Lizenzgebühr, um ihre Ware mit dem Cotton-made-in-Africa-Label anbieten zu dürfen. Die Einnahmen werden in den afrikanischen Projektgebieten investiert. Mit Hilfe der Initiative konnten mehr als 435.000 Kleinbäuerinnen und Kleinbauern unterstützt werden (BMZ 2015: 10).

Des Weiteren fördert das BMZ in Bangladesch die Einhaltung nationaler Arbeits- und Umweltgesetze sowie internationale Sozial- und Umweltstandards in den Textil- und Bekleidungsfabriken. Über 100.000 ArbeiterInnen, ManagerInnen und FabrikbesitzerInnen wurden seit dem Jahr 2010 in Ausbildungsmaßnahmen sowie in Fortbildung über ihre Rechte und Pflichten aufgeklärt. Auch staatliche Arbeitsinspektoren, die für die Kontrollen in den Fabriken zuständig sind, werden durch Trainingsangebote und eine verbesserte Ausstattung unterstützt (BMZ 2015: 10).

Um langfristig die sozialen, ökologischen und ökonomischen Herausforderungen in der Textilindustrie zu überwinden, bedarf es nicht nur verbindlicher Standards und Gesetze, sondern auch eines kollektiven und kooperativen Ansatzes seitens der VerbraucherInnen. So können KonsumentInnen durch bewusste Kaufentscheidungen dafür sorgen, dass mehr umwelt- und sozialverträglich hergestellte Produkte auf dem Markt existieren. Damit sich die VerbraucherInnen umfassend und vergleichend über die Siegel in der Textilindustrie informieren können, hat die Bundesregierung im Jahr 2015 das Portal Siegelklarheit ins Leben gerufen. Über die Website und der App bekommen KonsumentInnen Auskunft über die existierenden Textilsiegel und worin sie sich unterscheiden. Die Bundesregierung hat das Projekt „Qualitätscheck Nachhaltigkeitsstandards" als Leuchtturmprojekt 2015 ausgezeichnet (BMZ 2015: 18).

Neben dem hilfreichen Portal können die VerbraucherInnen mit nur wenigen Handgriffen selbst für einen verantwortungsvollen Kleidungskauf sorgen. So können die KonsumentInnen

- auf Gütesiegel (vgl. Tabelle 2) achten, die die Einhaltung ökologischer und/oder sozialer Standards bestätigen,
- weniger, dafür aber hochwertigere und haltbare Kleidung kaufen sowie
- bei präferierten Markenhersteller nach den Herstellungsbedingungen der Kleidung nachfragen.

Blauer Engel – Textilien	Bluesign	EU Ecolabel – Textilien	Fair Wear Foundation	Fairtrade - Baumwolle
GOTS (Global Organic Textile Standard)	Naturland – Textilien	Naturtextil IVN zertifiziert BEST	OEKO-TEX Made in Green	SA8000
Better Cotton Initiative (BCI)	Cotton made in Africa (CmiA)	Cradle to Cradle – Textilien	Fair Labor Association (FLA)	World Fair Trade Organization (WFTO)

Tabelle 2: Textsiegel

Quelle: Eigene Darstellung in Anlehnung an Siegelklarheit.de

Damit die VerbraucherInnen unternehmerische CSR-Aktivitäten wahrnehmen, deren Zuverlässigkeit abwägen und durch ihre Kaufentscheidung deren Erfolg steuern können, stehen weitere Entscheidungshilfen für VerbraucherInnen zur Auswahl (vgl. Abbildung 7).

Abbildung 7: Entscheidungshilfen für Verbraucher

Quelle: Stiftung Jugend und Bildung, Berlin (2012: 18)

3.2 CSR Kommunikation von Modeunternehmen und deren Glaubwürdigkeit

Nachdem die Problemfelder in der Textilindustrie sowie Beispiele von CSR-Maßnahmen zur Verbesserung ökologischer, ökonomischer und sozialer Herausforderungen erläutert wurden, sollen im Folgenden CSR Versprechen von Unternehmen in der Modebranche dargelegt und eine externe Auffassung zur Glaubwürdigkeit von CSR-Engagement aufgezeigt werden. Für ein glaubwürdiges CSR seitens der Modeunternehmen sollen anschließend Kriterien vorgestellt werden.

3.2.1 Beispiele unternehmerischer Verantwortung in der Modebranche

Zahlreiche bekannte Fast Fahion Anbieter (z. B. H&M, Primark, Zara) werden von Non-Profit-Organisationen (NPO), beispielsweise von Greenpeace, unter Druck gesetzt, für ihr unternehmerisches Handeln und die daraus resultierenden Konsequenzen Verantwortung zu übernehmen. Vermehrt geht es um die katastrophalen Herstellungsbedingungen in der Textilindustrie. Der permanente Einsatz giftiger Chemikalien belastet nicht nur die Umwelt, sondern ist gesundheitsgefährdend für die VerbraucherInnen. Vor diesem Hintergrund initiierte Greenpeace im Jahr 2011 die „Detox"-Kampagne für ein

Verbot aller gefährlichen Chemikalien in der Textilindustrie. Rund 34 Marken – darunter Modehäuser wie H&M, C&A, Sportartikelhersteller wie Adidas, Puma, Nike und Luxusmarken wie Valentino haben sich verpflichtet bis zum Jahr 2020 giftfrei zu produzieren. Das macht fast 15 Prozent der Textilindustrie weltweit aus. Lediglich große Outdoor-Firmen (z. B. Mammut) halten sich vor dieser Verpflichtung fern (Greenpeace 2016). So müssen diese und andere verpflichtende Unternehmen transparente Informationen über die verwendeten und eingesetzten Chemikalien bis zu deren Eliminierung veröffentlichen.

Die Fast-Fashion-Kette H&M berichtet über ihr CSR-Engagement im „Sustainability Report", in dem es betont direkt bei ihren Herstellern einzukaufen und diese zur Abwasserbehandlung zu verpflichten sowie auf eine effiziente Logistik und eigenen Lager zurückzugreifen. Darüber hinaus wird der Einsatz gefährlicher Chemikalien durch eine seit 1995 regelmäßig aktualisierte Einschränkungsliste, zu deren Einhaltung alle Lieferanten vertraglich verpflichtet sind, begrenzt (H&M 2016). Auch zum Thema Kinderarbeit nimmt H&M Stellungnahme. Eigene Auditoren von H&M führen regelmäßig angekündigte und unangekündigte Prüfungen durch, um sicherzustellen, dass keine Minderjährigen in den Textilfabriken arbeiten. Bei Aufdeckung von Kinderarbeit sind die Hersteller zur Mitfinanzierung von Ausbildung der Kinder verantwortlich. Bei wiederholten Verstößen gegen das Verbot von Kinderarbeit seitens der Hersteller oder dessen Zulieferer wird der Vertrag aufgelöst. Die teilweise zu niedrigere Löhne der TextilarbeiterInnen sind H&M bewusst. In ihrem Verhaltenskodex ist festgehalten, dass alle Lieferanten faire Löhne zu zahlen haben, die die Grundbedürfnisse der ArbeitnehmerInnen decken sollen (H&M 2016). Die Einhaltung des Verhaltenskodex wird von Vollzeit-Auditoren überprüft. Dabei werden mehr als 300 Punkte zu Arbeitsbedingungen, Arbeitsumgebung etc. geprüft. Im Bereich Baumwollanbau setzt sich H&M für ständige Ver-besserungen ein. Im Führungskomitee der Better Cotton Initiative (BIC) engagiert sich H&M für nachhaltigen Baumwollanbau und bietet seinen Verbrauchern aus 100 Prozent ökologischem Anbau stammenden Kleidungsstücke an (H&M 2016).

Für die Otto Group gehört die Nachhaltigkeit zu ihrer DNA, die sie antreibt, heißt es auf der Website der Otto Group (Otto Group 2016).

„Nachhaltigkeit geht jeden an! Bei der Otto Group ist sie Chefsache und ein Grund prinzip unseres Handelns. Seit mehr als 30 Jahren verbinden wir erfolgreich wirtschaftliche Ziele mit sozialer und ökologischer Verantwortung gegen über Mensch und Natur" (Otto Group 2016).

Für ihr CSR-Engagement erhielt die Otto Group im Jahr 2014 den CSR Preis der Bundesregierung. Punkten konnte die Otto Group mit dem impACT-Prozess, die Auswirkung (impact) mit dem daraus abgeleiteten Handeln (act) verknüpft. „Die Komplexität der Wertschöpfungskette ist die größte Herausforderung für unser Nachhaltigkeitsmanagement" (Otto Group 2015: 10). Die Eigenmarken der Konzernunternehmen der Otto Group werden von Lieferanten in über siebzig Beschaffungsmärkten produziert. Die Folge ist die Intransparenz an Akteuren. Um diese Komplexität zu reduzieren, gliedert die Otto Group die Wertschöpfungskette im Rahmen des Nachhaltigkeitsmanagements in vier Stufen: Rohstoffe & Verarbeitung, Endfertigung, Handel und Kunde (Otto Group 2015: 10). Die CR-Strategie 2020 (vgl. Abbildung 8) wurde für die jeweils der Wertschöpfungskette zugeordneten Teilstrategien verabschiedet und gilt bis zum Ende des Jahres 2020.

Status CR-Strategie 2020

in %

Wertschöpfungs- stufe	Teil- strategie	2013	2014	Zielwert 2020
	Textil	7	11	100
Rohstoffe & Verarbeitung	Möbel	26	33	100
	Papier	8	18	50
Endfertigung	Sozial- programm	–	17	100
Handel	Klima	-17	-24	-50

Abbildung 8: Status CR-Strategie 2020

Quelle: Otto Group (2015: 20)

Ziel der Textilstrategie ist die Erreichung von 100 Prozent nachhaltiger Baumwolle bei Eigen- und Lizenzmarken. Dabei kommt die derzeitige Baumwolle aus der Initiative Cotton made in Africa (CmiA) sowie aus zertifiziertem Bio-Anbau. Die Möbelstrategie zielt auf eine 100-prozentige FSC-zertifizierte Möbelprodukte ab. Mit Hilfe des FSC (Forest Stewardship Council) sollen Wälder durch eine verantwortungsvolle Holzentnahme geschützt werden und damit die Biodiversität erhalten bleiben (Otto Group 2015:

21). Für die Durchsetzung sozialer Standards in Risikoländer, Länder, in denen Menschenrechtsverletzungen und sozial unverträgliche Arbeitsbedingungen herrschen, führte die Otto Group bereits im Jahr 1999 ein Sozialprogramm ein (Otto Group 2015: 40). Das Sozialprogramm soll den FabrikarbeiterInnen menschenwürdige Arbeitsbedingungen schaffen. Des Weiteren soll Transparenz bezüglich des Herstellungsortes sowie der -bedingungen von Waren der Otto Group hergestellt werden. Um die Sozial- und Umweltstandards in den Risikoländern zu verbessern, gehört die Otto Group zahlreichen Institutionen an und kooperiert mit verschiedenen Organisationen, u. a. mit dem bundesdeutschen Arbeitskreis für umweltbewusstes Management e. V. (B.A.U.M), United Nations Global Impact, terre des hommes und Textile Exchange (Otto Group 2015: 27). Neben H&M und der Otto Group, offerieren Unternehmen wie C&A, Mango und Intidex, zu dem beispielsweise Zara gehört, innerhalb der gesamten Wertschöpfungskette nachhaltig zu wirtschaften. Über ihr unternehmerisches Handeln in ökologischer, ökonomischer und sozialer Hinsicht, stellen die Unternehmen einen Sustainability Report auf ihrer Website zur Verfügung.

Das in der Öffentlichkeit als umstritten geltende Unternehmen Primark stellt unter der Rubrik „Unsere ethischen Prinzipien" (Primark 2016 o. V.) zwar keinen Nachhaltigkeitsbericht zur Verfügung, gibt aber dafür einen Einblick in deren Nachhaltigkeitsprogramm. Zudem können die VerbraucherInnen sich über die Arbeitsbedingungen in Produktionsländern, den Primark Verhaltenskodex, Chemikalienmanagement und viele anderen Themen, informieren (Primark 2016).

Obwohl die Nachhaltigkeitsberichte Transparenz verschaffen und alle relevanten Themen innerhalb und außerhalb der textilen Wertschöpfungskette aufweisen, bleibt die Frage, inwieweit die Unternehmen mit ihrem CSR-Engagement bei ihren Stakeholdern als glaubwürdig erscheinen und ob ihre CSR-Maßnahmen realistisch sind. Durch eine externe Betrachtungsweise einiger Organisationen soll Klarheit geschaffen werden.

3.2.2 Beurteilung externer Organisationen über CSR Maßnahmen in der Modebranche

„Um der Mode willen: Multinationale Modemarken billigen Ohnmachtsanfälle von Arbeiter_innen" (Clean Clothes Campaign 2015 o. S.), „Zwölf Jahre, Sklave. Kinder in Zwangsarbeit" (terre des hommes 2014 o. S.), „Blutige Billigkleidung" (Webermann 2014 o.S.) ist ein kleiner Auszug zahlreicher Schlagzeilen, die in den Medien kursieren und das CSR-Engagement vieler Modeunternehmen in Frage stellen. Der Druck wird zumeist von NGOs, z. B. Greenpeace, terre des hommes, Amnesty Internatioanl und Clean Clothes Campaign (CCC), ausgeübt. So verweisen die Nichtregierungsorganisationen SOMO (The Centre of Research on Multinational Corporations) und ICN (India Committee of the Netherlands) in ihrem Bericht „Löchrige Kleider: Der Missbrauch von Mädchen und jungen Frauen in der Textilindustrie Südindiens" (Theuws/Overeem 2014: 1) auf gravierende Verstöße gegen internationale Arbeits- und Menschenrechte. Die Rede ist von Zwangsarbeit, Schuldknechtschaft und Menschenhandel, die in den Spinnereien in Tamil Nadu herrschen. Tamil Nadu ist der größte indische Produzent von Baumwollgarn (Theuws/Overeem 2014: 7-12). Über 400.000 Beschäftigte, davon sechzig Prozent junge Frauen und Mädchen, arbeiten und leben in Tamil Nadu unter verheerenden Arbeitsverhältnissen (Theuws/Overeem 2014: 9). Die Arbeiterinnen bekommen keine Arbeitsverträge, leisten unbezahlte Überstunden und werden durch Aufseher sexuell belästigt.

Die insgesamt 151 befragten TextilarbeiterInnen im Alter von 15 und 22 Jahren gehören zur gesellschaftlich und bildungspolitisch benachteiligten Schicht. 91 Arbeiterinnen waren bei der Einstellung minderjährig. Die jüngsten Arbeiterinnen waren 15 Jahre alt (Theuws/Overeem 2014: 21). Lediglich zwanzig TextilarbeiterInnen haben einen Arbeitsvertrag mit ihrem Arbeitgeber abgeschlossen. „Sie zeigten mir nur den Abschnitt, auf dem ich unterschreiben sollte, die übrigen Unterlagen wurden mir nicht gezeigt", sagte eine der Arbeiterinnen (Theuws/Overeem 2014: 26).

Wie viel die ArbeiterInnen in den Textilfabriken verdienen, ist ungewiss. Einen gesetzlichen Mindestlohn für Beschäftigte in Textilfabriken gibt es bislang nicht (Theuws/Overeem 2014: 28). Der monatliche Mindestlohn für auszubildende TextilarbeiterInnen beträgt in Tamil Nadu 5820,10 Rupien (71,40 Euro). Die Arbeitsbedingungen sind ebenfalls kontrovers. Viele der TextilarbeiterInnen klagen über Müdigkeit und Konzentrationsmangel. Sie arbeiten bis zu 68 Stunden die Woche, leisten Überstunden, obwohl gemäß der ILO-Vereinbarung die maximal zulässige Arbeitswoche sechzig Stunden betragen darf (Theuws/Overeem 2014: 36).

Zudem bestehen für die Beschäftigten gesundheitsschädliche Auswirkungen z. B. durch das Einatmen von Baumwollstaub, der sich bei der Verarbeitung von Baumwollfasern auflöst und so in die Luft gerät. „Kurzzeitiger Kontakt mit Baumwollstaub kann zu Brustenge, Husten, Keuchhusten, Schwäche, Fieber, Erkältung und Atemproblemen führen. Längerer Kontakt kann permanente Atemschwierigkeiten wie u. a. Bronchitis mit Lungenaufblähung provozieren" (Theuws/Overeem 2014: 37). Auch die nur einmal zur Verfügung gestellte Schutzkleidung empfinden die ArbeiterInnen als störend aufgrund der warmen Fabriken und verzichten deshalb oftmals ganz auf sie. Gesundheits- und Sicherheitsschulungen werden in vielen Fabriken nicht durchgeführt. Nur zwölf ArbeiterInnen haben an einer Schulung teilnehmen dürfen (Theuws/Overeem 2014: 38). In den Spinnereien gibt es keine Versammlungsfreiheit und keine Tarifverhandlungen. Es gibt weder aktive Gewerkschaften noch war einer der befragten Frauen Mitglied in einer Gewerkschaft, zumal sie nicht einmal wussten, was eine Gewerkschaft ist.

Die Unterkünfte der befragten Beschäftigten befinden sich auf Fabrikgelände. Bis zu 35 ArbeiterInnen teilen sich ein Zimmer, Toiletten und Badezimmer (Theuws/Overeem 2014: 43). Besonders die weiblichen Beschäftigten dürfen ihre Unterkünfte nicht alleine verlassen und haben kaum Kontakt zur Außenwelt, weder zur Familie noch zu Freunden. In dem Bericht „When 'best' is far from good enough - wenn gut nicht gut genug ist" (CCC 2016 o. S.) der vier Zuliefererbetriebe von H&M untersuchte, kam zu dem Ergebnis, „dass drei «Platinum» und ein «Gold» Zulieferer H&Ms die eigenen Nachhaltigkeitsrichtlinien in Bezug auf Vereinigungsfreiheit und Kurzzeitarbeitsverträge nicht einhalten" (CCC 2016 o. S.). Obwohl H&M seit 2013 seine inzwischen zwanzig Zulieferer in Kambodscha in das Fair Wage Method Project einbezieht, sprechen die ArbeiterInnen von Lohnkürzungen, die aufgrund einer Verspätung zu verzeichnen sind. Der Monatsgehalt (ohne Überstunden) der Platinum Zulieferer beträgt 172,51 US-Dollar, der unter dem monatlichen Industrie-Mittelwert von 178 US-Dollar liegt (CCC 2016).

Ein weiteres Ergebnis des Berichts ergab, dass ArbeiterInnen über Kurzzeitarbeitsverträge mit einer Laufzeit zwischen zwei und sechs Monaten angestellt waren. Beschäftigte, die länger als zwei Jahre in derselben Fabrik arbeiten, haben laut dem Kambodschanischem Arbeitsrecht einen Anspruch auf eine Festanstellung. So appelliert das INKOTA-netzwerk e. V. an H&M diese illegalen Beschäftigungsverhältnisse in seiner Lieferkette vorzubeugen und sich für die Festanstellung einzusetzen (CCC 2016). „INKOTA ist ein Zusammenschluss unterschiedlicher, engagierter Menschen und Gruppen, die **gemeinsam für eine gerechte Welt** eintreten" (INKOTA 2016 o. S.).

Greenpeace testete im Rahmen einer Untersuchung insgesamt 141 Kleidungsstücke von zwanzig internationalen Modehäusern, darunter Armani, Levi's und Zara, aus 29 Ländern auf mögliche umwelt- und gesundheitsschädliche Chemikalien. Das Ergebnis ist schockierend. Etwa 25 Kleidungsstücken konnte kein Herstellungsland zugeordnet werden. Die Artikeln wurden laut Kleidungsetiketten in mindestens 18 unterschiedlichen Ländern hergestellt, größtenteils auf der Südhalbkugel (Greenpeace 2012: 2). Vier

Kleidungsstücke beinhalteten hohe Konzentrationen an Phthalate gesundheitsschädlicher Chemikalien. Diese werden hauptsächlich als Weichmacher in Kunststoffen oder als Inhaltsstoff in Pflegeprodukten, Klebstoffen verwendet (Greenpeace 2012: 11). In zwei Kleidungsstücken wurden sogar krebserregende Amine entdeckt, die bei der Anwendung von Azofarbstoffe, z. B. zur Färbung von Textilien freigesetzt werden. In 89 von 141 getesteten Kleidungsstücken wurden schädliche Chemikalien des Typus Nonylphenolethoxylate (NPE) vorgefunden. Modehäuser wie C&A, Mango, Levi's, Calvin Klein und Zara verfügen die mit den höchsten NPE-Konzentrationen stammenden Kleidungsstücke. Die Schadstoffe gelangen entweder bewusst in die Materialien oder sie entstehen aus dem Herstellungsprozess (Greenpeace 2012: 2). So belaste nonylphenolhaltiges Abwasser das Trinkwasser von Millionen Menschen in den Herstellungsländern wie China (Zeit Online 2011). „Solange Modemarken unsere Wasserläufe als private Abwasserkanäle missbrauchen und die Lebensgrundlage und Gesundheit von Menschen gefährden, haben wir ein Recht darauf zu erfahren, welche Chemikalien sie freisetzen" (Greenpeace 2011: 3). Das sagen die Modeunternehmen selbst zu ihrer unternehmerischen und sozialen Verantwortung.

ZARA

Zara (Inditex): „Alle Aktivitäten von Inditex werden moralisch und verantwortungsvoll durchgeführt, dazu gehören Aktivitäten in verschiedenen Bereichen wie Produktgesundheit und -sicherheit, Kontrolle der Beschaffungskette und der Verbindung zwischen unserem Tun und der Gemeinschaft. Alle Produkte von Inditex respektieren die Umwelt, Gesundheit und Sicherheit. Durch die Umsetzung strenger internationaler Standards versichert Inditex seinen Kunden, dass die Produkte des Unternehmens strikte Gesundheits-, Sicherheits- und moralische Standards erfüllen."

C&A: „Ein wichtiger Bestandteil unserer CSR-Politik (= Corporate Social Responsibility) ist der verantwortliche Umgang mit Wasser, und wir erkennen die dringende Notwendigkeit an, die industrielle Freisetzung gefährlicher Chemikalien zu eliminieren." Vorwort der „C&A Zero Discharge"-Verpflichtung

Abbildung 9: Stellungnahme der Marken

Quelle: Greenpeace (2012: 18)

3.2.3 Vergleich von internen Versprechen und externer Beurteilung

Der Vergleich interner CSR Versprechen seitens der Unternehmen und der Beurteilung externer NGOs ist von Diskrepanzen geprägt. Die Modeunternehmen verweisen zwar auf einen Nachhaltigkeitsbericht, in dem sie ausführliche CSR Aktivitäten darlegen und in ihren Verhaltenskodizes auf humane Arbeitsbedingungen verweisen, geben aber keine detaillierten Informationen preis. So ist das größte Problem nach wie vor der Mangel an Transparenz nach innen und außen. Nur Unternehmen, die CSR sowohl leben als auch begreifbar machen und ihre unternehmerische Abläufe offenlegen, können Transparenz glaubhaft vermitteln. Eine Offenlegung der Fabriken, ihrer Standorte, Vertragsarten mit Zulieferern etc. für Beschäftigte und Dritte sucht man jedoch vergebens. Modeunternehmen, Einzelhändler und Hersteller sollten mögliche Risiken und negative Auswirkungen in ihren Lieferketten benennen und diese vermeiden. Die gesamte Wertschöpfungskette sollte dabei stets im Blick behalten werden. Das bedeutet angefangen von der Gewinnung der Ressourcen über die Verarbeitung zum Endprodukt und dessen Vertrieb bis hin zur Entsorgung seitens der KonsumentInnen. Sollten dabei Verstöße gegen die Menschenrechte identifiziert werden, müssen die Unternehmen entsprechende Strategien entwickeln, mit den diese Verstöße sich vermeiden lassen. Ein nach wie vor bestehendes Problem ist die zu niedrige Entlohnung der TextilarbeiterInnen. Auch diesbezüglich halten sich viele Modeunternehmen bedeckt und bekräftigen ihr Engagement mit Sätzen wie: „Wir wollen dafür sorgen, dass alle Textilarbeiter von ihrem Lohn leben können. Das steht auch in unserem Verhaltenskodex" (H&M 2016 o. S.).

Wie im vorherigen Kapitel bereits dargelegten Studien belegen, steht noch ein langer Weg zur Sicherung eines existenzsichernden Lohnes bevor. Bei Bemühungen gegen Kinderarbeit, Diskriminierung und Zwangsarbeit in den Fabriken besteht ebenfalls Handlungsbedarf. Auffallend dagegen sind die vielen Kooperationen mit zahlreichen NGOs. So gehört allein Primark 47 unterschiedlichen Organisationen an (Primark 2016). Auch Unternehmen wie beispielsweise die Otto Group bekräftigt ihr CSR-Engagement mit 15 Mitgliedschaften. Inwieweit diese Auflistung ein glaubwürdiges CSR verschaffen soll und es sich nicht eher um Greenwashing (suggerierte Umweltfreundlichkeit und Unternehmensverantwortung) handelt, ist schwer zu beantworten. Genauso fragwürdig ist die Initiative des Textilbündnisses, bei der die Mitglieder ihre eigene Umsetzungsziele, sogenannte Roadmaps, die zur Verbesserung der Arbeitsbedingungen in der Wertschöpfungskette dienen sollen, bis Ende Januar 2017 erstellen müssen. Eine Roadmap muss „ein Ziel zur Umsetzung von existenzsichernden Löhnen in der eigenen Wertschöpfungskette enthalten" (CCC 2016 o. S.) und „[...] müssen auch Maßnahmen in der tieferen Wertschöpfungskette, wie zum Beispiel eine Steigerung in der Beschaffung nachhaltiger Naturfasern enthalten" (CCC 2016 o. S.). Die Veröffentlichung der Roadmaps basiert im ersten Jahr jedoch auf freiwilliger Basis. Grundsätzlich ist der Vergleich von Versprechen seitens der Unternehmen und externer Meinungen (z. B. NGOs) widersprüchlich. Es macht den Anschein, dass viele Unternehmen ihre CSR Aktivitäten in den Nachhaltigkeitsberichten aufgrund des öffentlichen Drucks darlegen. Konkrete Informationen zu einzelnen Wertschöpfungsstufen bleiben jedoch unter verschlossener Tür und verbergen somit den VerbraucherInnen sämtliche relevante Informationen.

3.2.4 Kriterien für ein glaubhaftes CSR

Um Glaubwürdigkeit und Vertrauen von Anspruchsgruppen aufzubauen, bedarf es einer zielgerichteten, transparenten und nachhaltigen Kommunikation. Vor diesem Hintergrund entwarf der Bundesverband der VERBRAUCHER INITIATIVE e. V. Leitlinien für eine verbrauchergerechte CSR-Kommunikation. Demnach soll die CSR Kommunikation für VerbraucherInnen verständlich und einfach zugänglich sein. Die Anwendung von glaubwürdigen Labels und Standards sowie konkreten Projekten soll bei der Umsetzung helfen. Das unternehmerische Engagement soll wahrheitsgemäß und überprüfbar sein. NGOs und andere glaubwürdige Dritte müssen in die CSR-Kommunikation involviert werden. Die transparenten unternehmerischen Aktivitäten in der Lieferkette sollen ebenfalls kommuniziert werden. Dabei ist auf realistisch, nachvollziehbaren überprüfbaren Maßnahmen zur Umsetzung bereits erreichter und zukünftiger Ziele zu achten. Die Unternehmen sollen neben ihrer Erfolge auch Hindernisse und Herausforderungen ihres unternehmerischen Handelns benennen (Heinrich 2013: 20).

Um die CSR eines Unternehmens glaubwürdig und transparent darzustellen, können verschiedene Kommunikationsinstrumente angewandt werden. Im Folgenden sollen auf einige Instrumente näher eingegangen werden.

CSR Reports allgemein: Im Bereich der CSR-Reports, Nachhaltigkeitsberichterstattung, CSR-Berichte – die Begrifflichkeiten werden synonym benutzt – geht es um eine gezielte Kommunikation, wie ein Unternehmen handelt, wie verantwortungsvoll dieses mit Ressourcen umgeht und inwiefern sich ein Unternehmen sozial, kulturell und humanitär engagiert.

GRI-Nachhaltigkeitsbericht: Der Kriterienkatalog der Global Reporting Initiative (GRI) gilt als einziges international anerkanntes Bericht. Laut GRI müssen ökonomische Aspekte, Arbeitsbedingungen, Menschenrechte, Bereiche wie Umwelt, Gesellschaft und Produktverantwortung erwähnt werden (Heinrich 2013: 93).

Integrierter Bericht nach IIRC: Der internationale Rat für integrierte Berichterstattung (englisch: International Integrated Reporting Council, kurz:IIRC) hat ein allgemein akzeptiertes Konzept erstellt, bei dem es sich um eine regelmäßige Darstellung der gesamten Wertschöpfung eines Unternehmens handelt. Neben der finanziellen Performance sollen die „langfristige Strategie eines Unternehmens, ihr Geschäftsmodell, Zukunftsorientierung, Unternehmensführung" (Heinrich 2013: 93) sowie Organisation, Chancen und Risiken Aufschluss über die Wertschöpfung geben und „zwar kurz-, mittel- und langfristig" (Heinrich 2013: 93).

Ein unverzichtbares Instrument in der CSR-Kommunikation ist das Internet. Die Unternehmen können ihr gesamtes CSR-Engagement auf der Unternehmenswebsite präsentieren und erklären, warum und wie sich das Unternehmen in diesem Bereich engagiert. Das Internet stellt die Unternehmen aber auch vor Herausforderungen. So können Stakeholder öffentlich mitdiskutieren, ihre Meinung kundgeben und so auch Druck auf die Unternehmen ausüben. Neben dem Internet bietet die persönliche und direkte Kommunikation unverzüglich auf Fragen, Kritik oder Anreize des Kommunikationspartners, externe Stakeholder gemeint, einzugehen, um gemeinsam mögliche Lösungsansätze zu entwickeln. Auf Messen oder Veranstaltungen können Unternehmen verschiedene CSR Themen kommunizieren und gleichzeitig die Beziehung zu Stakeholdern pflegen (Heinrich 2013: 95). Weitere Möglichkeit der CSR-Kommunikation kann die Beteiligung an Wettbewerbe für nachhaltiges Engagement, Vorteile für ein Unternehmen mitbringen. Die Unternehmen erfahren ihren Standpunkt im Bereich CSR, da im Rahmen der Preisauszeichnung Befragungen oder Prüfungen durchgeführt werden. Sollte ein Unternehmen ausgezeichnet werden, wirkt das Unternehmen in der Öffentlichkeit als vertrauens-und glaubwürdig sowohl intern als auch extern. Zu den momentan wichtigsten CSR Preisen gehören der CSR Preis der Bundesregierung, der Deutsche CSR Preis, Deutscher Nachhaltigkeitspreis sowie der Sustainable Entrepreneurship Award (SEA) (Heinrich 2013: 99-100).

4 Die Glaubwürdigkeit von CSR in der Modebranche am Beispiel Esprit

Nachdem im zweiten Kapitel zunächst grundlegende Begriffe wie Nachhaltigkeit und CSR erläutert wurden, im dritten Kapitel der Handlungsrahmen von CSR gebildet und anschließend die CSR Glaubwürdigkeit von Modeunternehmen untersucht wurde, soll in diesem Kapitel spezifisch auf die CSR Glaubwürdigkeit des Modekonzerns Esprit eingegangen werden. Eine Gegenüberstellung von internen Versprechen seitens Esprit und externen Aussagen soll Aufschluss darüber geben, inwiefern Esprit glaubhaft sein CSR-Engagement, sowohl nach innen, als nach außen transportiert.

4.1 Methodik der Vorgehensweise

Um adäquate Antworten auf die Frage nach der Glaubwürdigkeit von CSR-Aktivitäten des Modeunternehmens Esprit liefern zu können, wird als Grundlage der Untersuchung der von Esprit bereit gestellte Nachhaltigkeitsbericht analysiert. Zusätzlich werden für die Analyse der Esprit Supplier Code of Conduct sowie die unternehmenseigene Website herangezogen. Für die Bewertung der Glaubwürdigkeit von CSR Aktivitäten wird die Nutzwertanalyse angewendet. Eine Gegenüberstellung von internen Versprechen des Modekonzerns Esprit und externen Berichten von Nichtregierungsorganisationen (NGOs) soll über die Glaubwürdigkeit von CSR Maßnahmen Aufschluss geben. Mittels der Schulnotenskala von 1 („sehr gut") bis 6 („ungenügend") werden die CSR-Maßnahmen bewertet.

1 – Esprit zeigt außergewöhnliche Leistungen; CSR-Maßnahmen wurden vollständig umgesetzt; Anerkennung von externen Institutionen

2 – Esprit verhält sich weitgehend progressiv; CSR-Maßnahmen wurden umgesetzt; es besteht Verbesserungspotenzial

3 – Esprit hat grundlegende Maßnahmen ergriffen; es bestehen Verbesserungsmöglichkeiten

4 – Esprit hat einige Maßnahmen unternommen, es besteht starkes Verbesserungspotenzial

5 – Esprit zeigt wenig Engagement; CSR-Maßnahmen wurden kaum umgesetzt; externe Kritik

6 – Esprit zeigt gar kein Engagement; CSR-Maßnahmen wurden nicht ergriffen; starke externe Kritikäußerungen.

4.2 CSR von Esprit

Die internationale Modemarke Esprit wurde im Jahr 1968 durch Susie und Douglas Tompkins, einem Ehepaar, in San Francisco gegründet. Bereits im Jahr 1971 gründete das Ehepaar unter dem Namen Esprit de Corp. zusammen mit Michael Ying, dem heutigen Aktionär von Esprit, eine Niederlassung in Hongkong. Der Sitz des Modekonzerns befindet sich in Pembroke auf Bermuda und die operativen Headquarters in Hongkong und in Ratingen bei Düsseldorf (Esprit 2015/16). In mehr als vierzig Ländern vertreibt Esprit unter den beiden Marken Esprit und edc seine Produkte (Kleidung, Schuhwaren, Wohnaccessoires, Accessoires, Möbel) in 761 eigenen Retail-Stores sowie in insgesamt 6.332 Wholesale-Standorten – einschließlich Franchise-Geschäfte und Verkaufsflächen in Warenhäusern. Zudem betreibt Esprit E-Shops in zwanzig Ländern (Esprit 2015/16). Seit 1993 ist die Aktie der Esprit Holdings Limited an der Börse in Hongkong notiert (Esprit 2015/16). Im Geschäftsjahr 2009/2010 lag der Umsatz des Modekonzerns Esprit umgerechnet bei rund 3,5 Milliarden Euro. Im Geschäftsjahr 2015/16 konnte der Textileinzelhandelsunternehmen rund 2,064 Milliarden Euro umsetzen (Statista 2016). Der Umsatz von Esprit betrug in Deutschland in den Geschäftsjahren 2008/09 1,42 Milliarden Euro. Im Geschäftsjahr 2015/16 setzte Esprit rund 993,4 Millionen Euro in Deutschland um (Statista 2016).

Esprit kommuniziert seine unternehmerische Verantwortung auf der Unternehmenswebsite unter der Rubrik „Nachhaltigkeit", in dem die Sustainability Reports öffentlich abrufbar sind. Dem ersten Nachhaltigkeitsbericht widmete sich Esprit im Geschäftsjahr 2014/15 (Esprit 2015/16). Der Nachhaltigkeitsbericht wurde in Übereinstimmung mit der Global Reporting Initiative (GRI) G4 'Core' Level erstellt. Die GRI hat die G4-Richtlinien veröffentlicht, die leichter anzuwenden sind und darüber hinaus neue und aktualisierte Angabevorschriften in den Bereichen: Unternehmensführung, Ethik und Integrität, Lieferkette, Korruptionsbekämpfung und Treibhausgasemissionen beinhalten (IAS Plus 2013). Die Organisationen erstellen nach den G4-Richtlinien zudem entweder einen Kernbericht oder einen umfassenden Bericht. Esprit hat einen Kernbericht erstellt. Der Nachhaltigkeitsbericht soll laut Esprit einen Überblick über ihre Nachhaltigkeitsbemühungen und -projekte geben und wird jährlich zur Verfügung gestellt (Esprit 2015/16).

4.2.1 Interne Versprechen seitens Esprit

Der Nachhaltigkeitsbericht von Esprit wurde in Übereinstimmung mit den Leitlinien der Global Resporting Initiative (GRI) in der Version G4 in der Option 'Core' verfasst. Der Bericht beinhaltet die von Esprit als wichtig empfundenen Schwerpunkte: Arbeitsbedingungen, nachhaltig Materialien und ökologische Nachhaltigkeit (Esprit 2015/16: 8). Um Nachhaltigkeit gewährleisten zu können, schloss sich Esprit mit anderen Textilunternehmen zusammen und engagiert sich in verschiedenen Multi-Stakeholder- und Industrieinitiativen, die im weiteren Verlauf näher erläutert werden.

Ökologische Dimension

Nachhaltige Materialien

Im Februar 2016 wurde Esprit ein Learning Member der Better Cotton Initiative (BCI). Mit dieser Kampagne möchte Esprit in Zukunft den Anteil nachhaltig produzierter Baumwolle in seinen Produkten erhöhen. So unterstützt der Modekonzern die Ziele der BCI, ist in einem permanenten Dialog mit Baumwollbauern und fördert eine ökologische Baumwollproduktion z. B. durch einen geringeren Pestizid- und Wassereinsatz. Im Geschäftsjahr 2015/16 bestanden vierzig Prozent der Produkte zu mehr als neunzig Prozent aus Baumwolle. Da Esprit neben Baumwolle auch Zellulosefasern, wie beispielsweise Viskose in seinen Produkten verwendet, wird mit der Non-Profit-Umweltschutzorganisation Canopy kooperiert. Ziel ist bis zum Jahr 2017 ausschließlich Viskose und andere Zellulosefasern zu benutzen, die nicht zulasten gefährdeter Wälder hergestellt werden. Auch Produkte, die Daunen oder Federn enthalten, werden geprüft, dass sie von keinen lebenden Tieren gewonnen werden und gemäß dem Responsible Down Standard (RDS) zertifiziert sind. Im Juni 2016 waren alle Daunen-Produkte diesen Standards gerecht.

Esprit möchte einen verantwortungsvollen Herstellungsprozess von Textilien ermöglichen und aus diesem Grund liegt der Fokus auf der Reduzierung von bedenklichen Chemikalien. So hat Esprit geschafft alle Per- und polyfluorierte Chemikalien (PFC) in seiner Lieferkette zu beseitigen. Seit dem Jahr 2012 ist Esprit Mitglied der Zero Discharge of Hazardous Chemicals Group (ZDHC) und trägt mit anderen Unternehmen der Branche durch Tools und Protokolle zur Umweltverbesserung bei. „Das langfristige Ziel der ‚Roadmap to Zero' der ZDHC Group ist die vollständige Eliminierung gefährlicher Chemikalien in Lieferketten bis 2020" (Esprit 2015/16: 34).

Um die Produktsicherheit und Qualitätssicherung gewährleisten zu können, entwickelte Esprit seine eigenen verbindlichen Qualitätsstandards, die in der Restricted Substances List (RSL) erfasst sind. Die Liste beinhaltet „alle mechanischen und chemischen Tests, die bei Esprit durchgeführt werden und steht im Einklang mit globalen Standards, wie beispielsweise REACH und den Normen der International Organization for Standardization (ISO)" (Esprit 2015/16: 23). Zudem trat Esprit dem Bündnis für nachhaltige Textilien bei, einer Multi-Stakeholder-Initiative aus Vertretern von Wirtschaft, Zivilgesellschaft, Standardorganisationen und Gewerkschaften, um die sozialen, ökologischen und ökonomischen Bedingungen entlang der Textillieferkette zu verbessern. Um schädliche Substanzen in der Kleidungs- und Schuhindustrie zu vermeiden, trat Esprit der AFIRM (Apparel and Footwear International RSL Management Group) bei, einem Industrieverband, das seine Konzentration auf diese Schwerpunkte legt.

Ökologische Nachhaltigkeit

Seit 2012 verpflichtet sich Esprit der sogenannten Detox-Kampagne, bei der die Non-Profit-Organisation Greenpeace „die Fortschritte bekannter Textilunternehmen bei der Eliminierung potentiell gefährlicher Chemikalien in ihrer Produktion und bei deren vollumfänglichen Substitution durch unschädliche Substanzen" bewertet, bis zum Jahr 2020 giftfrei zu produzieren. Zur Umsetzung dieser Verpflichtung wurde das Unternehmen Mitglied bei der Zero Discharge of Hazardous Chemicals Group (ZDHC), um umwelt- und gesundheitsgefährdende Chemikalien aus ihrer Lieferkette zu eliminieren.

Soziale Dimension

Arbeitsbedingungen

Zur Sicherstellung von fairen Arbeitsbedingungen arbeitet Esprit mit einem eigenen Audit und Berichtssystem. Des Weiteren bestehen Kooperationen mit verschiedenen Initiativen und Programmen wie Business Social Compliance Initiative (BSCI), Better Work oder Bangladesh Accord on Fire and Building Safety. Im Jahr 2015 wurde die Action Collaboration, Transformation (ACT)-Programm ins Leben gerufen, in dem Esprit sich mit anderen Mitgliedern für faire und existenzsichernde Löhne in den Textilfabriken einsetzt (Esprit 2015/16).

Arbeitsbedingungen in der Lieferkette

Bevor eine Zusammenarbeit mit externen Partnern und potenziellen Lieferanten eingegangen wird, muss zunächst der Esprit Supplier Code of Conduct (Verhaltenskodex für Lieferanten) unterzeichnet werden. Der Supplier Code of Conduct basiert auf die Übereinkommen der ILO und der ILO Erklärung über grundlegende Prinzipien und Rechte bei der Arbeit (Esprit 2015/16: 29). Mit Prüfprogrammen und einem standardisierten Onboarding-Prozess, welcher in Zusammenarbeit mit beispielsweise der BCSI oder Better Work durchgeführt wird, sollen mögliche Verstöße gegen den Code of Conduct überprüft werden. In den meist unangekündigten Audits interviewen die Prüfer vor Ort Geschäftsführer und ArbeiterInnen in den jeweiligen Produktionsstätten, um mögliche Verstöße gegen die Standards von Esprit zu identifizieren (Esprit 2015/16: 31). Im Falle eines Verstoßes „entwickeln die Mitglieder unseres internen Audit Teams zusammen mit den Mitarbeitern vor Ort einen Corrective Action Plan (CAP), der die Behebung festgestellter Missstände in einem festgesetzten Zeitrahmen vorsieht" (Esprit 2015/16: 31). Ziel von Esprit ist es, jede Produktionsstätte mindestens einmal im Jahr zu bewerten. So hat sich Esprit im Geschäftsjahr 2015/16 von vier Produktionsstätten (0,9 Prozent aller Produktionsstätten) aufgrund gefälschter Gehaltslisten und gefälschter Produktions- oder Arbeitszeiterfassungen getrennt (ebd.). Im Jahr 2015/16 erfüllten 96 Prozent der Lieferanten die Standards in Bezug auf Arbeitspraktiken und der Einhaltung von Menschenrechten. Bei lediglich vier Prozent handelte es sich um risikoarme Produktionsstätten, die ihren Sitz größtenteils in Europa haben (Esprit 2016: 30).

Um eine enge Zusammenarbeit zwischen Esprit und seinen Lieferanten zu fördern und die Kommunikation innerhalb der Lieferkette zu stärken, initiierte Esprit die Supplier Summit Initiative mit dem Ziel den Lieferanten die Social Compliance Standards, den Supplier Code of Conduct und die Qualitätsstandards näher zu bringen. Hierfür wurden Konferenzen in Hongkong, Shanghai, der Türkei, Vietnam und Bangladesch durchgeführt (Esprit 2015/16: 33).

Überwachung der Lieferkette

Mithilfe des von Sustainable Apparel Coalition (SAC) entwickelten HIGG-Indexes – einem Benchmarking-Tool, mit dem die Nachhaltigkeit eines Produktes gemessen werden kann, soll für eine verantwortungsvolle Lieferkette gesorgt werden. „Der HIGG Index ist ein webbasiertes Instrument zur Messung von Umweltauswirkungen in der

Wertschöpfungskette von Textil-Unternehmen" (Esprit 2015/16: 27). Das Ergebnis der Analyse ergab, dass Esprit noch Verbesserungspotenzial in den Bereichen Transport, CO_2-Bilanz und Produkt-Nachlaufphase hat. Um diese Probleme vorzubeugen, führte Esprit Mitarbeiterschulungen durch, um einerseits die MitarbeiterInnen für Nachhaltigkeitsthemen zu sensibilisieren und andererseits mit ihnen gemeinsam Ideen zu entwickeln, wie sie ihre eigene Arbeit nachhaltiger gestalten können (ebd.). Als Ziel setzte sich Esprit, dass alle seine Hauptlieferanten den Index bis spätestens Dezember 2017 einsetzen (Esprit 2015/16: 8).

Sicherung von existenzsichernden Löhnen

Die Sicherstellung eines Existenzminimums erweist sich seit Jahren als eine der schwierigsten Aufgaben in der Textilindustrie. Um trotzdem eine Lösung zu finden, hat Esprit zusammen mit 17 anderen Marken das Memorandum of Understanding (MoU) mit IndustriALL Global Union zum Action, Collaboration, Transformation (ACT)-Programm unterschrieben. In diesem Programm arbeiten die Marken und IndustriALL zusammen an einer Lösung, „[...] um Löhne ohne gleichzeitige Gefährdung von Arbeitsplätzen zu erhöhen" (Esprit 2015/16: 33). Die Mitglieder der Kampagne setzen sich für landes- und branchenweite Tarifverträge in der Textil- und Bekleidungsindustrie ein statt „[...] einer Berechnung eines allgemeinen existenzsichernden Lohnes ein" (Esprit 2015/16: 33). Die ArbeitnehmervertreterInnen können mit dem verantwortlichem Management der Produktionsstätten Löhne und andere Arbeitsbedingungen verhandeln und nach einer möglichst für alle Parteien zufriedenstellenden Lösung suchen (ebd.).

Gebäudesicherheit

Nach dem Einsturz des Rana Plaza Fabrikgebäudes 2013 wurde das Bangladesch-Abkommen für Brandschutz und Gebäudesicherheit (Bangladesh Accord on Fire and Building Safety) geschlossen, das auch Esprit unterzeichnete. Demnach konnten 39 Produktionsstätte, die in Bangladesch für Esprit produzieren, die festgestellten Mängel im Gebäude- und Brandschutz beheben. In 15 Produktionsstätten konnte Esprit neunzig Prozent ihrer Maßnahmenpläne umsetzen (Esprit 2015/16: 32).

Korruptionsbekämpfung

Esprit hat sich zu einem weltweiten Anti-Korruptions-Programm verpflichtet, das aus dem Esprit Code of Conduct und deren Anti-Korruptions-Richtlinien hervorgeht, gegen jegliche Form der Bestechung und Schmiergeldzahlungen vorzugehen (Esprit 2016: 5). Im Rahmen eines Trainingsprogramms zum Thema Korruptionsbekämpfung konnten 1.400 MitarbeiterInnen geschult werden. Bei schwerwiegenden Verstößen setzt Esprit auf eine „Null-Toleranz-Politik", d. h. bei aufgedeckten, nachverfolgten und bestätigten Verstößen, veranlasst das Compliance-Team entsprechende Sanktionen. Das Compliance Management System beruht auf drei Säulen: Prävention, Erkennen und Reagieren.

Diskriminierung, Belästigung und Missbrauch

Durch den Verhaltenskodex (Code of Conduct) soll jegliche Form von Diskriminierung sowie jegliche Art von Bedrohung oder Belästigung vermieden werden. Für Verstöße gegen den Verhaltenskodex hat Esprit eine Whistleblower-Hotline eingerichtet, bei der die MitarbeiterInnen anonym das Esprit Management über Vorkommnisse und mögliche Hinweise informieren können. In Deutschland bietet das allgemeine Gleichbehandlungsgesetz (AGG) den rechtlichen Rahmen für Schutz vor Diskriminierung (Esprit 2015/16: 42).

4.2.2 Externe Beurteilung über Esprit

Ökologische Dimension

Umgang mit Chemikalien

Das Unternehmen Esprit geht seiner Verpflichtung, Abwasserdaten zu gefährlichen Chemikalien zu veröffentlichen, nicht nach. Die Offenlegung der Abwasserdaten ist ein Teil der Transparenz, das durch den Verzicht der Abwassertests seitens des Unternehmens nicht geboten wird. Mit Hilfe der Abwassertests lassen sich alle gefährlichen Chemikalien, die in einer Fabrik zum Einsatz kommen, entdecken und zurückverfolgen (Greenpeace Detox Catwalk 2016). Mit dem Detox-2020-Plan – ein System zur Eliminierung von schädlichen Chemikalien bis zum Jahr 2020 – stützt sich auf das Programm der ZDHC (Zero Discharge of Hazardous Chemicals) und beruht auf deren MRSL (Manufacturing Restricted Substances List), die essentielle Mängel aufweist. Die MRSL ist eine schwarze Liste von Substanzen, die in der Produktion nicht verwendet werden dürfen. Die Verantwortung für eine Entgiftung von Chemikalien seitens Esprit ist fraglich. Das Unternehmen erklärt, dass die Lieferanten vertraglich verpflichtet sind, Chemikalien anzugeben, wenn „weniger giftige oder ungiftige Alternativen gefunden sind" (Greenpeace Detox Catwalk 2016: 24). Daher wird Esprit empfohlen eine eigene MRSL zu entwickeln, die einen „clean factory"-Ansatz enthält, zu dessen Instrumenten Abwassertests gehören und dieser Ansatz sicherstellt, dass die Lieferanten die gesamte Fabrik und nicht nur die Produktion von Esprit Produkten entgiften (Greenpeace Detox Catwalk 2016). Positiv bei Esprit wird dafür die Eliminierung von PFC (Per- und polyfluorierte Chemikalien) aus seinen Produkten seit dem Jahr 2014 bewertet, wobei Esprit noch keine Fallstudie des Eliminierungs-Prozesses dazu veröffentlicht hat (Greenpeace Detox Catwalk 2016). Greenpeace empfiehlt eine Fallstudie zur Eliminierung von PFC zu veröffentlichen, die eine Gefahrenabschätzung von Alternativen beinhaltet (Greenpeace Detox Catwalk 2016).

Nicht-tierische Materialien

Mit der Einführung eines lederfreien Sneaker für Frauen, mit dem weltweit anerkannten Logo „PETA-Approved Vegan" (bedeutet: von PETA als vegan zertifiziert) setzt Esprit ein „[...] ethisches Zeichen für Nachhaltigkeit, an dem sich Modeketten und Einzelhändler weltweit orientieren können" (PETA 2014 o.S.). Bei der Herstellung wurden tierfreie Materialien verwendet. Mit stylischen Damenpumps konnte Esprit den PETA Deutschland Vegan Fashion Award 2013 gewinnen (ebd.).

Soziale Dimension

Arbeitsbedingungen

Indonesische Zulieferer verschiedener Modeunternehmen, darunter auch Esprit, wurden für die Studie *Arbeitsrechtverstöße in Indonesien* auf CSR-Maßnahmen untersucht. Die Maßnahmen des Markenartikelherstellers Esprit für eine nachhaltige Unternehmensführung sind in der Abbildung 10 dargestellt. Da es sich hier um eine Studie aus dem Jahr 2012 handelt, hatte Esprit zu diesem Zeitpunkt noch keinen Nachhaltigkeitsbericht veröffentlicht. Esprit legt weder Informationen zum Arbeitsvertrag vor noch zu einem Mindestalter der Kinder, die in den Textilfabriken arbeiten. Zudem wurde eine Feldstudie in indonesischen Zulieferbetrieben in der Zeit von März bis Mai 2012 durchgeführt. Es wurden ArbeiterInnen von insgesamt fünf Fabriken interviewt. Die Beschäftigten des Esprit-Zulieferers Sai Apparel Industries berichteten, dass ihr Lohn seit dem Jahr 2009 fünf bis sieben Tage später ausgezahlt wurde. In allen Zulieferbetrieben der Markenartikelhersteller verdienen die meisten ArbeiterInnen trotz Überstunden zu wenig. „Dies stellt einen Verstoß gegen den Artikel 23, Abschnitt 3 der 1948 von der UN verabschiedeten allgemeinen Erklärung der Menschenrechte dar" (SÜDWIND e. V. 2012 :35). Bei einem Grundgehalt unter dem gesetzlichen Mindestlohn, liegt ein Verstoß gegen das indonesische Gesetz und damit gegen die entsprechenden Verhaltenskodizes vor (SÜDWIND e. V. 2012 :35).

CSR-Maß-nahmen Unter-nehmen	Nachhaltig-keitsbericht	Verhaltenskodizes	Veröffent-lichung der Zulieferer-listen	Auditsysteme/Kontrollen
Esprit	nicht vorhanden	· **Verhaltenskodex** ist Mitglied des Industrieverbands BSCI demnach keine Zwangsarbeit, keine Diskriminierung, keine unangemesse-nen Disziplinarmaßnahmen · keine Kinderarbeit gemäß ILO · **Gesetzlicher Mindestlohn** **Zuschläge** für Überstunden · maximal **48 Std./Woche** · maximal **12 Überstunden/Woche** mind. **1 freier Tag** innerhalb von 7 Tagen (gesetzliche Rege-lung geht vor, auch wenn sie darunterliegt) · Koalitionsfreiheit und Tarifverhandlungsrecht · Gesundheit, Sicherheit , Umweltschutz · Gesetz über soziale Verantwortlichkeit und gegen Korrupti-on und Bestechung muss Folge geleistet werden	Nein	· **Audits:** ohne Angaben wer, wie oft etc. · seit 2004 Mitglied in BSCI · keine Veröffentlichung der Ergebnisse

Abbildung 10: CSR-Maßnahmen von Premiummarken

Quelle: SÜDWIND e.V. (2012: 29)

Monitoring und Verifizierung

Das Modeunternehmen ist zwar Mitglied der Business-Monitoringinitiative, konnte aber nicht belegen, wie nachweisbare Verstöße gegen Arbeitsrechte nachverfolgt und beho-ben werden. Des Weiteren ist Esprit in keine unabhängige Verifizierung durch einen Multi-Stakeholder-Ansatz einbezogen. „Der Monitoring- und/oder Verifizierungspro-zess beinhaltet die Konsultation lokaler zivilgesellschaftlicher Stakeholder" (CCC 2016 o. S.).

Kinderarbeit

Zu den Produktionsstandorten, woher die Esprit Produkte, Vorprodukte oder Rohstoffe tatsächlich bezogen bzw. produziert werden, liegen keine genauen Angaben vor (earth-link e. V. 2008). Ein Vorfall in Indien berichtet über Kinderarbeit, Kinder unter 14 Jahre alt, die als billige Arbeitskräfte für die Marke Esprit bis zu 14 Stunden Hemden und T-Shirts nähten und bestickten. „Sie [Damen-Tops] alle tragen bereits das leuchtend rote

Logo "EDC by Esprit" und sollen bald in den durchgestylten Läden des deutsch-chinesischen Bekleidungsmultis Esprit an die modebewusste Kundin gebracht werden" (McDougall & Wintzenburg 2007 o. S.). Nachdem das Wochenmagazin stern Esprit und Esprit seine Produzenten mit dem Verdacht auf Kinderarbeit konfrontiert hatten, wurde die Firma Ritu Hand Embroidery aufgelöst. Esprit hat eines der Kinder, die für den Modekonzern gearbeitet haben, aufgefunden. Der Junge ist laut zahnmedizinischem Gutachten „etwa 15 Jahre alt" und nach dem indischen Recht ein legaler Arbeiter. Esprit übernahm dennoch die Kosten für seine Ausbildung (McDougall & Wintzenburg 2007 o. S.). Weitere Meinung der Kampagne Aktiv gegen Kinderarbeit sind mangelnde Kontrollen von relevanten Produktionsschritten des Unternehmens. Insbesondere die Vorprodukte über der gesamten Produktions- und Lieferkette, die Esprit von Zulieferern bezieht, sollen (besser) kontrolliert werden. Entweder gibt es nur interne, nur teilweise externe bzw. unabhängige oder zweifelhafte externe Kontrollen (WeGreen 2016).

Sicherung von existenzsichernden Löhnen

Esprit verpflichtet sich lediglich dazu, den gesetzlichen Mindestlohn oder Standard-Industrielohn zu zahlen, das bedeutet keinen Existenzlohn. Das Unternehmen verweist nicht darauf, dass alle ArbeiterInnen einen Arbeitsvertrag erhalten müssen. Zudem gäbe es keine glaubwürdigen Beweise dafür, „dass das Unternehmen Esprit Trainings zu Arbeitsrechtsfragen organisiert oder fördert" (CCC 2016 o. S.).

Soziales Engagement

Positiv bewertet die Kampagne das soziale Engagement des Modekonzerns Esprit. So ist die Organisation SOS-Kinderdorf ein langjähriger Kooperationspartner des Unternehmens. Zudem engagiert sich Esprit für den Erhalt des Regenwaldes und gegen den Einsatz von echtem Pelz (earthlink e. V. 2008 o. S.).

Externe Bewertungen

Das CSR-Engagement des Unternehmens Esprit wird mit der Note 3,9 von WeGreen als schwach eingestuft. WeGreen ist eine umfassende Suchmaschine für Nachhaltigkeit. Mit Hilfe der sogenannten Nachhaltigkeitsampel veranschaulicht WeGreen wie ökologisch, sozial und transparent die Unternehmen, Marken und Produkte sind. Die Farbe Grün bedeutet gut, Gelb mittelmäßig und Rot schlecht. Bei Produkten, die eine rote oder gelbe Ampel anzeigen, offeriert WeGreen dem Nutzer Alternativen an nachhaltigen

Produkte (Räth 2012). Die WeGreen Nachhaltigkeitsampel wird mit Hilfe von Algorithmen berechnet. Grundlage sind mehr als 30.000 Unternehmensbewertungen, die WeGreen von etwa zwanzig unabhängigen Partnern, wie z. B. „Forschungsinstitutionen, Ratingagenturen, Verbraucher Initiativen oder NGOs" (WeGreen 2016 o. S) erhält (Räth 2012; WeGreen 2016 o. S.). Auf der Plattform Rank a Brand – untersucht Markenhersteller auf ihre Transparenz und Nachhaltigkeit und bewertet sie auf ihrer Website – erfüllt Esprit 8 von 36 Kriterien und bekommt die Bewertung D. „Die Bewertung D sagt über das Unternehmen aus, dass es in den Bereichen Klimaschutz, Umwelteinsatz und faire Arbeitsbedingungen/fairer Handel zwischen 15 % und 35 % der Anforderungen erfüllt" (WeGreen 2016 o. S.). Laut RepRisk – Reputation Risk Radar – weist Esprit ein hohes Reputationsrisiko auf. Esprit wurde in 18 verschiedenen Themengebieten von RepRisk kritisiert. Damit hat Esprit einen RepRisk Index von 24. Der Höchstwert lag im Jahr 2012 bei 50 von 100 (WeGreen 2016).

4.2.3 Bewertung der Glaubwürdigkeit des CSR Engagements von Esprit

Mit der Nutzwertanalyse soll das CSR Versprechen von Esprit zunächst rein objektiv bewertet werden. Mit Hilfe des Nachhaltigkeitsberichts und des Verhaltenskodex wird diese Bewertung vorgenommen. Die externe Beurteilung soll gegenübergestellt werden, sodass beide Ergebnisse miteinander verglichen werden können, um ein Resümee der CSR Glaubwürdigkeit ziehen zu können. Die Beurteilungsparameter bestehen sowohl aus qualitativen als auch aus quantitativen Kriterien. Danach werden die Punkte (Scores) (CSR Versprechen von Esprit und die externe Beurteilung) durch die Multiplikation von Gewichtungen mit den Bewertungsnoten (1-6) berechnet. Die Gewichtung der Bewertungskriterien basiert auf einer individuellen Auswahl, sodass die Summe aller Gewichte der Kriterien genau 100 Prozent ergibt. So wurde für jedes Kriterium als Gewicht 10 Prozent vergeben. Fünf Prozent wurden auf Kriterien verteilt, die keine externe Beurteilung bzw. keine Angaben nachweisen und auf Kriterien, die unter der Rubrik 'zusätzliche Kriterien für ein glaubwürdiges CSR-Engagement' aufgelistet sind. Die Gesamtsumme ist die Addition aller Punkte (Scores). Qualitative Kriterien sind beispielsweise ökologische Nachhaltigkeit, Arbeitsbedingungen oder Diskriminierung. Externe Auszeichnungen und Rankings stellen Beispiele für quantitative Parameter dar.

Kriterien	CSR Versprechen von Esprit	Gewicht (0-100%)	Bewertung	Scores	Quelle	Externe Beurteilung	Bewertung	Scores	Quelle
Ökologische Dimension									
Nachhaltige Materialien	Baumwollanteil in Produkten erhöhen	0,1	3	0,3	Sustainability Report 2015/16	Keine Abwassertests = keine Offenlegung zu gefährlichen Chemikalien	4	0,4	Greenpeace
	Ausschließlich Viskose benutzen	0,1	3	0,3	Sustainability Report 2015/16		4	0,4	Greenpeace
	Beseitigung von PFCs	0,1	2	0,2	Sustainability Report 2015/16	Positive Bewertung, aber keine Offenlegung der Fallstudie	4	0,4	Greenpeace
Ökologische Nachhaltigkeit allgemein	Vollständige Chemikalienelimierung	0,1	3	0,3	Sustainability Report 2015/16	Intensives Bemühen; ambitionierte Ziele erst für 2020	3	0,3	Fairnesscheck
Soziale Dimension									
Arbeitsbedingungen	faire Arbeitsbedingungen durch eigenen Audit- und Berichtssystem	0,1	4	0,4	Sustainability Report 2015/16	Keine konkreten Angaben zu Audits; keine Veröffentlichung der Ergebnisse	5	0,5	SÜD-WIND e.V.
Überwachung der Lieferkette	Sicherstellung nachhaltiger Produkte durch HIGG Index	0,1	4	0,4	Sustainability Report 2015/16	Keine Veröffentlichung der Zuliefererlisten	5	0,5	SÜD-WIND e.V.
Kinderarbeit	Sicherstellung durch Verhaltenskodex	0,1	4	0,4	Verhaltenskodex	Aufdeckung von Kinderarbeit, als „Entschädigung" Ausbildungsfinanzierung von Esprit	5	0,5	Aktiv gegen Kinderarbeit
Existenzsichernde Löhne	Faire und rechtliche Bezahlung (Verhaltenskodex)	0,1	4	0,4	Sustainability Report 2015/16	Lediglich Mindestlohn, kein Existenzlohn, keine Hinweise auf ernsthaftes Engagement	5	0,5	CCC
Gebäudesicherheit	Durchsetzung verlässlicher Sicherheitsmaßnahmen (Accord)	0,1	2	0,2	Sustainability Report 2015/16	Keine konkreten Angaben; Unterzeichnung des Accord's obwohl keine Produktionsstätten in Bangladesch	3	0,3	prmagazin
Korruptionsbekämpfung	„Null-Toleranz-Politik"	0,02	3	0,06	Sustainability Report 2015/16	keine Angaben	5	0,1	keine Quelle
Diskriminierung, Belästigung & Missbrauch	Vermeidung durch Verhaltenskodex u. Whistleblower-Hotline	0,02	3	0,06	Sustainability Report 2015/16, Code of Conduct	keine Angaben	4	0,08	keine Quelle
Zusätzliche Kriterien für CSR Glaubwürdigkeit									
Richtlinien und Qualität des Berichts	Nachhaltigkeitsbericht nach GRI Version 4 in der Option 'Core'	0,02	2	0,04			2	0,04	Nachhaltigkeitsbericht 2015/16
Externe Auszeichnungen	1 Auszeichnung für lederfreie Schuhe	0,02	4	0,08			4	0,08	PETA
Externe Rankings	Note 3,9 (schwach)	0,02	5	0,1			5	0,1	WeGreen
Summe		1,0		3,2				4,2	

Abbildung 11: Nutzwertanalyse: CSR-Glaubwürdigkeit

Quelle: Eigene Darstellung, eigene Berechnungen

Bewertung

Ökologische Dimension

Nachhaltige Materialien

Esprit möchte sich zukünftig verstärkt auf ökologische Baumwollproduktion konzentrieren. Als Mitglied verschiedener Kampagnen engagiert sich Esprit für eine nachhaltige Produktion. Externe Berichte sehen dem Engagement skeptisch gegenüber. So wird Esprit Intransparenz bezüglich der Offenlegung von gefährlichen Chemikalien vorgeworfen. Die Glaubwürdigkeit bezüglich der nachhaltigen Baumwollproduktion wird mit Note vier bewertet. Lediglich die Eliminierung von PFC wird positiv bewertet, aber auch hier fehlt die Offenlegung. Esprit setzt zwar Ziele, z. B. ausschließlich Viskose bis zum Jahr 2017 zu verwenden oder alle gefährdeten Chemikalien bis zum Jahr 2020 zu eliminieren, erweckt aber eher den Eindruck einer bloßen Auflistung als eines echten Engagements, besonders weil Transparenz und Offenlegung nicht geboten werden. Zur Erreichung der Detox-Ziele müsste Esprit individuelle Verantwortung für sein Detox-Plan übernehmen und der Öffentlichkeit transparente Informationen zur Verfügung stellen.

Soziale Dimension

Arbeitsbedingungen

Faire Arbeitsbedingungen versucht Esprit durch eigene Audits sicherzustellen. So werden zwar TextilarbeiterInnen vor Ort nach möglichen Verstößen gegen den Verhaltenskodex befragt und bei Verstößen Maßnahmen seitens Esprit ergriffen, jedoch fehlen auch hier jegliche Transparenz und Offenlegung, in welchen Produktionsstätten, welche Verstöße vorkamen und ob und wie diese von Esprit behoben wurden. Aus externen Quellen ist die Rede von unbezahlten Überstunden der TextilarbeiterInnen. Zudem sind die Audits in der Regel zu kurz und werden oberflächlich durchgeführt. Grundlegende Probleme in den Fabriken werden selten festgestellt, da die Audits ihre Checkliste abarbeiten müssen. Die Glaubwürdigkeit wird deshalb mit der Note fünf bewertet.

Überwachung der Lieferkette

Esprit hat in den Bereichen Transport, CO_2-Bilanz und Produkt-Nachlaufphase nach seinen eigenen Aussagen noch Verbesserungspotenzial. Als Lösungsansatz werden Schulungen für die MitarbeiterInnen gehalten, in denen vermittelt werden soll, wie nachhaltig die MitarbeiterInnen ihre eigene Arbeit gestalten können. Gegenwind kommt aus externen Quellen, die Zulieferer Listen vermissen und somit auch hier ein Mangel an Transparenz besteht. Die Glaubwürdigkeit des CSR-Engagements wird ebenfalls mit der Note fünf bewertet.

Kinderarbeit

Esprit spricht sich gegen Kinderarbeit, Zwangs-, Pflicht- und Gefängnisarbeit aus. Dennoch wurden in den Produktionsstätten Kinder vorgefunden, die für das Modeunternehmen Esprit bis zu 14 Stunden arbeiten. Nach der Aufdeckung dieses Vorfalls wurde Esprit mit Kinderarbeit konfrontiert. Das Unternehmen übernahm die Ausbildungskosten für das Kind. Externe Studien belegen, dass das Problemfeld Kinderarbeit nach wie vor besteht und auch Esprit mangelnder Kontrollen und Maßnahmen sich von Kinderarbeit nicht komplett freisprechen kann. Die Glaubwürdigkeit wird daher mit der Note fünf bewertet.

Sicherung von existenzsichernden Löhnen

Das Unternehmen Esprit verspricht zwar faire und rechtmäßige Bezahlung, betont aber gleichzeitig lediglich den Mindestlohn zu zahlen. Aufrichtiges Engagement bezüglich dieses Problems ist vergebens. Auch die externe Sichtweise schließt ein ernsthaftes Engagement aus. Aus diesem Grund wird die Glaubwürdigkeit mit mangelhaft bewertet.

Gebäudesicherheit

Als Mitglied der Organisation Accord setzt sich Esprit für die Sicherheit in Fabrikgebäuden in Bangladesch ein. Obwohl Esprit nach eigenen Aussaegn in keiner der sechs Fabriken des Rana Plaza Gebäudes Kleidung produziert hat, war das Unternehmen eines der ersten, die das Abkommen unterzeichneten. So konnten in bereits mehreren Produktionsstätten Mängel festgestellt und beseitigt werden. Da es keine externe konkreten Angaben zu Maßnahmen oder Verbesserungen gibt, wird die Glaubwürdigkeit mit der Note drei bewertet.

Korruptionsbekämpfung

Esprit verpflichtete sich zum weltweiten Anti-Korruptions-Programm, welches sich gegen Bestechung und Schmiergeldzahlungen ausspricht. Demnach konnten 1.400 Esprit MitarbeiterInnen für das Thema sensibilisiert werden. Jedoch gibt es keine externe

Beurteilungen zur Korruptionsbekämpfung von Esprit. Dadurch wird die Glaubwürdigkeit als „mangelhaft" eingestuft.

Diskriminierung, Belästigung und Missbrauch

Zu den Grundprinzipien des Esprit Supplier Code of Conduct zählt u. a. jeglicher Verstoß gegen Diskriminierung, Belästigung und Missbrauch. Sollte dagegen einmal verstoßen werden, bietet Esprit den MitarbeiterInnen die Möglichkeit über eine Whistleblower-Hotline das Esprit Management jederzeit zu kontaktieren bzw. zu informieren. Ob und wann die MitarbeiterInnen diesen Service in Anspruch nahmen, wird in keinen Quellen dargelegt. Daher wird die Glaubwürdigkeit des CSR Engagements als „ausreichend" eingestuft, wobei ein hohes Verbesserungspotenzial besteht.

Zusätzliche Kriterien für eine CSR Glaubwürdigkeit

Richtlinien und Qualität des Berichts

Der Nachhaltigkeitsbericht von Esprit wurde in Übereinstimmung mit den Leitlinien der Global Reporting Initiative (GRI) in der Version G4 in der Option "Core" erstellt. Die Berichterstattung bietet umfassende Informationen zum Unternehmen selbst, deren Ziele und CSR-Maßnahmen. Jedoch fehlen wichtige Angaben zu beispielsweise Produktionsstätte und Arbeitsbedingungen. Der Inhalt des Berichts wird aus rein formellen Sicht mit der Note zwei bewertet.

Externe Auszeichnungen

Für das CSR Engagement erhielt Esprit nach intensiver Recherche lediglich die PETA Auszeichnung für ein lederfreies Schuhwerk. Aus diesem Grund wird die Glaubwürdigkeit mit der Note vier bewertet.

Externe Rankings

Die Plattform WeGreen bewertete das CSR-Engagement von Esprit mit der Note 3,9; eine schwache Leistung. Auf der Plattform Rank a Brand erhielt Esprit die Bewertung D.Das bedeutet, dass das Unternehmen in den Bereichen Klimaschutz, Umwelteinsatz und faire Arbeitsbedingungen lediglich zwischen 15 und 35 Prozent der Anforderungen erfüllt. So fällt die Benotung auf eine fünf aus.

Ergebnis

Die CSR-Glaubwürdigkeit basierend auf internes Versprechen seitens Esprit, die anhand des Nachhaltigkeitsberichts und des Verhaltenskodex rein objektiv inhaltlich betrachtet wurde, ergibt summa summarum eine 3,2. Für Esprit besteht besonders in der sozialen Dimension starkes Verbesserungspotenzial und vor allem Handlungsbedarf. Das Unternehmen sollte neben den ökologischen Aspekten seine Maßnahmen und Ziele besonders der sozialen Komponente hohe Bedeutung widmen. Das größte Problem ist die Intransparenz und der Mangel an Offenlegung. Dagegen fällt die externe Beurteilung über die CSR Glaubwürdigkeit von Esprit mit der Note 4,2 deutlich schlechter aus. Esprit muss seine Rolle in der CSR Verantwortung ernster nehmen und der Öffentlichkeit Zugang zum unternehmerischen Handeln gewähren. Die Offenlegung von gefährlichen Chemikalien zählt ebenfalls dazu. Der Nachhaltigkeitsbericht von Esprit scheint auf den ersten Blick mit seinen unzähligen CSR-Maßnahmen und unternehmerischen Zielen ein enormes Engagement nach außen zu transportieren, jedoch werden wichtige Angaben zu Fabriken, Verbesserungsmaßnahmen, Arbeitsbedingungen etc. verschwiegen.

5 Fazit

Seitdem der Öffentlichkeit unter Augen gehalten wurde, unter welchen verheerenden Arbeitsbedingungen in den Textilfabriken der Niedriglohnländer unsere Kleidung hergestellt wird, steigt das Interesse am Thema CSR stetig an. Die unternehmerische Sozialverantwortung wird von den VerbraucherInnen in Frage gestellt. Die Unternehmen werden von der Öffentlichkeit unter Druck gesetzt, sich zu den Auswirkungen ihrer unternehmerischen Tätigkeit zu äußern. Um mögliche Antworten auf die Arbeits- und Herstellungsbedingungen von Bekleidung geben zu können, untermauern viele Modeunternehmen ihre gesellschaftliche Verantwortung mit Hilfe eines Nachhaltigkeitsberichts. Der CSR-Bericht - steht meistens auf der Unternehmenswebsite - ist jederzeit abrufbar. Die darin von dem Unternehmen beschriebenen CSR-Maßnahmen rufen bei den VerbraucherInnen jedoch Unglaubwürdigkeit hervor. Nicht zuletzt, weil Studien und Berichte den wahren Alltag von TextilarbeiterInnen zeigen, die wiederum sich von den Versprechen der Modeunternehmen deutlich unterscheiden. Das CSR-Engagement soll der Öffentlichkeit lediglich suggerieren, Modeunternehmen würden sich freiwillig ausreichend engagieren. Vielmehr entzieht sich das Unternehmen der Verantwortung vor gesetzlichen Regulierungen.

Das Modeunternehmen Esprit geht davon aus mit seiner Mitgliedschaft in verschiedenen Kampagnen sozialverantwortlich handeln zu würden. Dass das ein Irrglaube ist, zeigen die inhumanen Arbeitsbedingungen in den Niedriglohnländern. Der Alltag der ArbeiterInnen in den Bekleidungsfabriken Bangladeschs besteht aus einem zwölf Stunden Tag, gepaart mit Überstunden und einem Mindestlohn, mit dem unmöglich ist die ganze Familie zu versorgen. Um an den Arbeitsbedingungen etwas ändern zu können, darf Esprit sich nicht ausschließlich auf freiwillige CSR-Maßnahmen verlassen. Trotz eines eigenen Audit- und Berichtssystems können bis heute keine gravierenden Verbesserungen in Bereichen wie Löhne, Überstunden oder Kinderarbeit festgestellt werden. Zumal den Audits vorgeworfen wird, die Arbeitsrechtsverletzungen in den Textilfabriken nicht wahrheitsgetreu wiedergeben zu können.

Der Nachhaltigkeitsbericht von Esprit basiert lediglich auf Standardangaben. Auf konkrete Problemfelder und explizite CSR-Maßnahmen geht das Unternehmen nicht ein. Das Unternehmen Esprit hat seine persönlichen Nachhaltigkeitsziele im Nachhaltigkeitsbericht verankert, u. a. sollen Produktionsstätte mindestens einmal im Jahr besucht und überprüft werden. Wie die Produktionsstätte aber bisher überprüft und welche

Ergebnisse erzielt wurden, wird nach außen nicht kommuniziert. Interne Versprechen seitens der Unternehmen und externe Beurteilungen sind von Widersprüchen geprägt. Besonders in der sozialen Dimension wie den Arbeitsbedingungen, Arbeitsrechten und Kinderarbeit bestehen unterschiedliche Auffassungen und vor allem ein starker Handlungsbedarf zur Verbesserung der Arbeitssituation in den Textilfabriken. Esprit äußert sich weder beispielsweise zum Inhalt eines Arbeitsvertrages der TextilarbeiterInnen noch konkret zu deren Arbeitsbedingungen.

Unter VerbraucherInnen steigt das Interesse an umweltpolitischen und sozialen Themen, unternehmerischen Handeln sowie ethischen Konsum immer mehr an. Um Informationen über Nachhaltigkeit und Verantwortung von Unternehmen zu erhalten, orientieren sich die KonsumentInnen an Zertifikate, Bewertungen, Siegel und Beurteilungen von Nichtregierungsorganisationen. Trotz oder gerade wegen der Informationsflut fällt es den VerbraucherInnen immer schwerer den Unternehmen zu vertrauen. Auch die verfügbaren Informationen auf der Unternehmenswebsite, in CSR- und Jahresberichten sowie der Auflistung aller Mitgliedschaften in unzähligen Initiativen sind keine Garantie für vertrauenswurdige und wahrheitsgemäße Informationen, denen die VerbraucherInnen glauben können.

Dem Unternehmen wird daher dringend empfohlen mit unabhangigen Institutionen (z.B. NGOs) zu kooperieren und ihnen Zugang zu ihren Daten zu gewähren, um mehr Transparenz und Vertrauen schaffen zu können. Esprit soll im eigenen Interesse sich zu ökologischen, ökonomischen und sozialen Aspekten äußern und diese offenlegen. Um mehr Transparenz und Rechenschaft der Unternehmen zu erzielen, sind staatliche Regelungen und gesetzliche Auflagen erforderlich. Wesentliche Probleme in der Textilindustrie sind mangelnde Kontrollen in Textilfabriken, Menschenrechtsverletzungen, die nicht wahrgenommen und vermieden werden. Viele Studien zeigen, dass die CSR-Instrumente zu keiner Verbesserung von Sozialstandards beitragen. Versprechen und Aussagen von Modeunternehmen sind meistens nicht überprüfbar. Wichtig ist es deshalb, unabhängigen Dritten den Zugang zu Informationen über die Unternehmensperformance zu bieten. Ein wesentliches Problem ist die freiwillige Offenlegung zu ökologischen, ökonomischen und sozialen Aspekten. Daher wird eine Offenlegungspflicht, die über die finanziellen Faktoren hinausgehen, für Modeunternehmen dringend benötigt. So soll eine Offenlegung von:

- Unternehmensstruktur, Lieferanten und Produktionsstandorte sowie Kennzeichnung der Herkunft der Produkte,

- Informationen über Arbeitnehmer- und Menschenrechte sowie Umwelt- und Klimaschutz beim Unternehmen und deren Lieferanten und

- präzise Informationen zu Arbeitsbedingungen, Arbeitszeiten und Löhnen dargeboten werden.

Literatur- und Quellenverzeichnis

Ahlert, Dieter/Große-Bölting, Kristin/Heinemann, Gerrit (2009): Handelsmanagement in der Textilwirtschaft. Einzelhandel und Wertschöpfungspartnerschaften, Frankfurt am Main, Deutscher Fachverlag GmbH

Bundesministerium für Umwelt, Naturschutz und Reaktorsicherheit (2007): Nachhaltigkeitsmanagement in Unternehmen. Von der Idee zur Praxis: Managementansätze zur Umsetzung von Corporate Social Responsibility und Corporate Substainability, Berlin

Burckhardt, Gisela (Hrsg.) (2013): Corporate Social Responsibility – Mythen und Maßnahmen. Unternehmen verantwortungsvoll führen, Regulierungslücken schließen, 2. Auflage, Wiesbaden, Springer Gabler Verlag

Curbach, Janina (2009): Die Corporate-Social-Responsibility-Bewegung, Wiesbaden, VS Verlag für Sozialwissenschaften

Fifka, Matthias S. (Hrsg.) (2014): CSR und Reporting. Nachhaltigkeits- und CSR-Berichterstattung verstehen und erfolgreich umsetzen, Berlin Heidelberg, Springer Verlag

Gries, Thomas/Veit, Dieter/Wulfhorst, Burhard (2014): Textile Fertigungsverfahren. Eine Einführung, 2., überarbeitete und erweiterte Auflage, München, Carl Hanser Verlag

Hasenmüller, Marc-Philipp (2013): Herausforderungen im Nachhaltigkeitsmanagement. Der Beitrag der Pfadforschung zur Erklärung von Implementationsbarrieren, Wiesbaden, Springer Gabler Verlag

Hentze, Joachim/Thies, Björn (2012): Unternehmensethik und Nachhaltigkeitsmanagement, Bern Stuttgart Wien, Haupt Verlag

Hofmann, Norbert (2016): Passt nicht mehr, in: *Süddeutsche Zeitung*, Nr. 231, Ausgabe 06.10.2016, S.25

Holdinghausen, Heike (2015): Dreimal anziehen, weg damit. Was ist der wirkliche Preis für T-Shirts, Jeans und Co?, Frankfurt am Main, Westend Verlag

Koch, Walter J. (2006): Zur Wertschöpfungstiefe von Unternehmen. Die strategische Logik der Integration, Wiesbaden, Deutscher Universitätsverlag

Köhn-Ladenburger, Christiane (2013): Marketing für LOHAS. Kommunikationskonzepte für anspruchsvolle Kunden, Wiesbaden, Springer Gabler Verlag

Müller-Christ, Georg (2010): Nachhaltiges Management. Einführung in Ressourcenorientierung und widersprüchliche Managementrationalitäten, Baden-Baden, Nomos Verlagsgesellschaft

Pittner, Martin (2014): Strategische Kommunikation für LOHAS. Nachhaltigkeitsorientierte Dialoggruppen im Lebensmittelhandel, Wiesbaden, Springer Gabler Verlag

Reese, Joachim (2016): Management von Wertschöpfungsketten, München, Verlag Franz Vahlen GmbII

Schmidpeter, René (Hrsg.); Schneider, Andreas u. a. (2015): Corporate Social Responsibility. Verantwortungsvolle Unternehmensführung in Theorie und Praxis, 2., ergänzte und erweiterte Auflage, Berlin Heidelberg, Springer Gabler Verlag

Völker, Rainer (Hrsg.); Thomaschewski, Dieter (2016): Nachhaltige Unternehmensentwicklung. Herausforderungen für die Unternehmensführung des 21. Jahrhunderts, Stuttgart, W. Kohlhammer Verlag

Waßmann, Jan (2013): Corporate Social Responsibility und Konsumentenverhalten. Theoretische Ansätze und empirische Befunde, Wiesbaden, Springer Gabler Verlag

Internetquellen

Amnesty International (2009): Alle 30 Artikel der Allgemeinen Erklärung der Menschenrecht, http://www.amnesty.de/alle-30-artikel-der-allgemeinen-erklaerung-der-menschenrechte#artikelversammlungsundvereinigungsfreiheit, abgerufen am 18.11.1016

Bank J. Safra Sarasin AG (06/2014): Lieferketten in der Bekleidungsindustrie – ein Kartenhaus?! Ein Bericht über die Chancen und Risiken in den Lieferketten von Textil- und Bekleidungsunternehmen, http://www.businessart.at/images/doku/bank_j_safra_sarasin_lieferketten_in_der_beklei dungsindustrie.pdf, Download v. 01.10.2016

Beckmann, Markus (2007): Corporate Social Responsibility und Corporate Citizenship. Eine empirische Bestandsaufnahme der aktuellen Diskussion über die gesellschaftliche Verantwortung von Unternehmen, http://edoc.bibliothek.uni-hal-le.de/servlets/MCRFileNodeServlet/HALCoRe_derivate_00001229/Beckmann_2007_S tudie_CSR-CC_2007-1.pdf, Download v. 01.10.2016

Blumberg, Martin/Dröge, Alexander (2008): Lohnt sich >>gut<< sein? Der >>Gesellschaftliche Markenwert<< als Treiber von Image und Markenpräferenz, in: *Markenartikel*, Ausgabe 06/2008, S.24-25, http://www.markenverband.de/kompetenzen/corporate-social-responsibility/ethical-brand-monitor/06-2008-CSR-gesellschaftl%20Markenwert-Gastbeitrag%20Droege.pdf, Download v. 01.10.2016

Brinkmann, Manfred (23.01.2013): Abi-Feier mit fair gehandelten T-Shirts, in: Gewerkschaft Erziehung und Wissenschaft (GEW), https://www.gew.de/aktuelles/detailseite/neuigkeiten/abi-feier-mit-fair-gehandelten-t-shirts/, abgerufen am 20.10.2016

Bundesministerium für Arbeit und Soziales (BMAS) (11/2011): Die DIN ISO 26000 „Leitfaden zur gesellschaftlichen Verantwortung und Organisationen" - Ein Überblick-, http://www.bmas.de/SharedDocs/Downloads/DE/PDF-Publikationen/a395-csr-din-26000.pdf?__blob=publicationFile, Download v. 17.11.2016

Bundesministerium für Umwelt, Naturschutz und Reaktorsicherheit (BMUB) (10/2008): Corporate Social Responsibility. Eine Orientierung aus Umweltsicht, http://www.bmub.bund.de/fileadmin/Daten_BMU/Pools/Broschueren/csr_orientierung_broschuere.pdf, Download v. 01.10.2016

Bundesministerium für Umwelt, Naturschutz und Reaktorsicherheit (BMUB) (01/2009): Nachhaltigkeitsberichterstattung: Empfehlungen für eine gute Unternehmenspraxis, http://www.4sustainability.de/fileadmin/redakteur/Publikationen/BMU_Nachhaltigkeitsberichterstattung_Empfehlungen_Unternehmenspraxis_2008.pdf, Download v. 17.11.2016

Bundesministerium für Wirtschaft und Energie (BMWi) (o. J.): Textil und Bekleidung. http://www.bmwi.de/DE/Themen/Wirtschaft/branchenfokus,did=196528.html, abgerufen am 10.10.2016

Bundesministerium für wirtschaftliche Zusammenarbeit und Entwicklung (BMZ) (06/2016): Das Bündnis für nachhaltige Textilien, https://www.textilbuendnis.com/images/pdf/Factsheet/160628_Factsheet_Bündnis_für_nachhaltige_Textilien.pdf, Download v. 01.10.2016

Bundesministerium für wirtschaftliche Zusammenarbeit und Entwicklung (BMZ) (08/2015): Das Bündnis für nachhaltige Textilien, https://www.textilbuendnis.com/images/pdf/Publikationen/BMZ_Das_Buendnis_für_nachhaltige_Textilien_August_2015.pdf, Download v. 01.10.2016

Bundesministerium für wirtschaftliche Zusammenarbeit und Entwicklung (BMZ) (04/2016): Die Antworten des BMZ auf Rana Plaza. Aktivitäten der deutschen Entwicklungszusammenarbeit im Textilsektor, https://www.textilbuendnis.com/images/pdf/Publikationen/Factsheet_Rana_Plaza_April_2016_115_final.pdf, Download v. 01.10.2016

Bundesministerium für wirtschaftliche Zusammenarbeit und Entwicklung (BMZ) (o.J.): Arbeitsbedingungen in der globalisierten Textilwirtschaft, https://www.bmz.de/de/themen/textilwirtschaft/hintergrund/index.html, abgerufen am 18.11.2016

Bündnis für nachhaltige Textilien (Textilbündnis) (o.J.): Über Uns, https://www.textilbuendnis.com/de/startseite/das-textil-buendnis, abgerufen am 19.11.2016

Clean Clothes Campaign (CCC) (2013): Sandgestrahlte Jeans – Breathless for Blue Jeans, http://www.saubere-kleidung.de/eilaktionen/faelle/293-sandgestrahlte-jeans-breathless-for-blue-jeans, abgerufen am 01.10.2016

Clean Clothes Campaign (CCC) (2015): Die Opfer von Rana Plaza erhalten endlich ihre Entschädigung, http://www.saubere-kleidung.de/index.php/kampagnen-a-themen/470-die-opfer-von-rana-plaza-erhalten-endlich-ihre-entschaedigung, abgerufen am 01.10.2016

Clean Clothes Campaign (CCC) (2015): Globaler Start der Kampagne für einen Existenzlohn in Kambodscha, http://www.saubere-kleidung.de/index.php/kampagnen-a-themen/living-wage/528-globaler-start-der-kampagne-fuer-einen-existenzlohn-in-kambodscha, abgerufen am 01.10.2016

Clean Clothes Campaign (CCC) (2015): H&M Produzenten in Bangladesh setzen die Schutzmaßnahmen in ihren Fabriken nur schleppend um, http://www.saubere-kleidung.de/index.php/materialien/515-h-m-produzenten-in-bangladesch-setzen-die-schutzmassnahmen-in-ihren-fabriken-nur-schleppend-um, abgerufen am 01.10.2016

Clean Clothes Campaign (CCC) (2015): Um der Mode willen: Multinationale Modemarken billigen Ohnmachtsanfälle von Arbeiter_innen, http://www.saubere-kleidung.de/index.php/kampagnen-a-themen/47-weltmarkt/532-um-der-mode-willen-multinationale-modemarken-billigen-ohnmachtsanfaelle-von-arbeiter-innen, abgerufen am 25.11.2016

Clean Clothes Campaign (CCC) (2016): Stellungnahme der Zivilgesellschaft im Bündnis für nachhaltige Textilien zur Mitgliederversammlung 2016, http://www.saubere-kleidung.de/index.php/kampagnen-a-themen/csr-staatl-regulierung/600-stellungnahme-der-zivilgesellschaft-im-buendnis-fuer-nachhaltige-textilien-zur-mitgliederversammlung-2016, abgerufen am 25.11.2016

Clean Clothes Campaign (CCC) (2016): Firmen Check. Firmenprofil Esprit, http://www.cleanclothes.at/de/firmen-check/esprit/, abgerufen am 01.12.2016

Deutsche Bundesstiftung Umwelt (02/2016): Abschlussbericht: Fast Fashion. Die Schattenseiten der Mode. Ausstellung Museum für Kunst und Gewerbe Hamburg, https://www.dbu.de/OPAC/ab/DBU-Abschlussbericht-AZ-32106.pdf, Download v. 01.10.2016

earthlink e. V. (2012): Esprit, in: Aktiv gegen Kinderarbeit vom 28.06.2012, http://www.aktiv-gegen-kinderarbeit.de/?s=Esprit, abgerufen am 01.12.2016

Eberle, Ulrike (2010): Bekleidung und Umwelt, in: WWF Deutschland, https://www.wwf.de/fileadmin/fm-wwf/Publikationen PDF/HG__Bekleidung_Umwelt_BB_JE_06_2010.pdf, Download v. 10.11.2016

Esprit Holdings Limited (2015/16): Nachhaltigkeitsbericht http://www.esprit.com/press/sustainabilityreport/GRI201516_de.pdf, Download v. 20.11.2016

Esprit (2015/16): Unternehmensprofil, http://www.esprit.com/company/about_us/, abgerufen am 29.11.2016

Esprit (2016): Nachhaltig. Bericht, http://www.esprit.com/company/sustainability/report/, abgerufen am 29.11.2016

FAIRantwortlich handeln (o. J.): Informationsportal zu gesellschaftlicher Verantwortung im Unternehmen, Verhaltenskodizes und Branchenstandards, http://www.fairantwortlich-handeln.de/handlungshilfen/verhaltenskodizes-und-branchenstandards/, abgerufen am 19.11.2016

„**Fast Fashion" (2016):**. Eine Austellung im Textilmuseum St. Gallen zeigt jetzt die Schattenseiten der schnellen Mode (2016). [Video], (1:11), 3Sat, Mittwoch, 16. November 2016, http://www.3sat.de/mediathek/?mode=play&obj=62998, abgerufen am 10.12.2016

Focus Online (13.08.2014): Mode: Billig-Textilien: Das schlechte Gewissen beim Schnäppchenkauf, http://www.focus.de/kultur/mode/mode-billig-textilien-das-schlechte-gewissen-beim-schnaeppchenkauf_id_4058254.html, abgerufen am 13.10.2016

Fröhlich, Andreas/Bächstädt, Christian Nicolas (2010): Bekleidungsindustrie. Krankende Industrie schwer getroffen, in: perspektiv Research, https://www.perspektiv.de/files/img/Docs/Branchenreports/Per_BranchenrepBekleidung.pdf, S.3 ff., Download v. 11.10.2016

Fricke, Vera (2012): CSR-Kommunikation für Konsumentenverantwortung. Auswirkungen auf den nachhaltigen Konsum, in: Zeitschrift für Wirtschafts- und Unternehmensethik (zfwu), Jg. 13 / Heft 3, http://www.zfwu.de/fileadmin/pdf/3_2012/zfwu_13_3_14_Fricke_Dissertation.pdf, Download v. 01.10.2016

Gesamtverband der deutschen Textil- und Modeindustrie e. V. (textil+mode) (2012): Textil, Mensch & Umwelt. Zusammenhänge und Fakten rund um ein sensibles Beziehungsgeflecht, http://www.swisstextiles.ch/cms/upload/dokumente/Umwelt_Technologie/120515Umweltbroschre_D-A-CH_V-1_0_def.pdf, S. 5 ff., Download v. 10.10.2016

Global Compact – Deutsches Netzwerk (o. J.): Der United Nations Global Compact, http://www.globalcompact.de/de/ueber-uns/dgcn-ungc.php?navid=539859539859, abgerufen am 18.11.2016

Greenpeace (11/2012): Giftige Garne. Der große Textilien-Test von Greenpeace. Wie Modemarken Konsumenten zu unfreiwilligen Komplizen bei der weltweiten Wasserverschmutzung machen, http://www.greenpeace.de/files/20121119-Studie-Giftige-Garne.pdf, Download v. 01.10.2016

Greenpeace (11/2015): Wegwerfware Kleidung. Repräsentative Greenpeace-Umfrage zu Kaufverhalten, Tragedauer und der Entsorgung von Mode, http://www.greenpeace.de/files/publications/20151123_greenpeace_modekonsum_flyer.pdf, Download v. 01.10.2016

Greenpeace (06/2016): Textil-Label unter der Detox-Lupe. Einkaufsratgeber für giftfreie Kleidung, 4. Auflage (Juni 2016), https://www.greenpeace.de/sites/www.greenpeace.de/files/greenpeace_textil-label-juni_2016.pdf, Download v. 21.11.2016

Greenpeace (2016): Der Detox Catwalk 2016. Wer ist auf dem Weg zu giftfreier Mode?, http://www.detoxcatwalk.de/#esprit, abgerufen am 01.12.2016

H&M (2016): Nachhaltigkeit. FAQ, http://www2.hm.com/de_ch/customer-service/sustainability.html, abgerufen am 23.11.2016

Handelswissen (2014): Flachenkonzepte. Vertikale Integration als Erfolgsfaktor, http://www.handelswissen.de/data/themen/Marktpositionierung/Sortiment/Sortimentsbildung/Flaechenkonzepte, abgerufen am 13.10.2016

Hauff, Volker (13.11.2015): Brundtland Bericht, 1987. Brundtland Bericht: Unsere gemeinsame Zukunft, in: Lexikon der Nachhaltigkeit, https://www.nachhaltigkeit.info/artikel/brundtland_report_563.htm, abgerufen am 15.11.2016

Heinrich, Peter (2013): CSR und Kommunikation. Unternehmerische Verantwortung überzeugend vermitteln, Berlin Heidelberg, Springer, Gabler Verlag, http://download.springer.com/static/pdf/710/bok%3A978-3-642-40110-7.pdf?originUrl=http://link.springer.com/book/10.1007/978-3-642-40110-7&token2=exp=1480433239~acl=/static/pdf/710/bok%253A978-3-642-40110-7.pdf?originUrl=http%3A%2F%2Flink.springer.com%2Fbook%2F10.1007%2F978-3-642-40110-7%7E~hmac=a4e464fac61d635d62eff9aadc811201cd114886de17e1245157e31eb5977937, Download v. 29.11.2016

Hofstetter, Markus (07.11.2016): Branchenreport Ausgabe 2016, in: GENIOS BranchenWissen, GBI-Genios Deutsche Wirtschaftsdatenbank GmbH, http://www.genios.de/document/ BRAW__r_tex_20161107, Download v. 15.11.2016

Holtmann, Jan Philip (2008): Pfadabhängigkeit strategischer Entscheidungen. Eine Fallstudie am Beispiel des Bertelmanns Buchclubs Deutschland, http://www.diss.fu-ber-lin.de/diss/servlets/MCRFileNodeServlet/FUDISS_derivate_000000011350/Holtmann_Dissertation.pdf?hosts=, Download v. 08.10.2016

Huchler, Norbert (2013): CSR und Vertrauen. Zur Aktualität von Corporate Social Responsibility (CSR), http://www.isf-muenchen.de/pdf/Huchler_2013_CSR_und_Vertrauen.pdf, Download v. 01.10.2016

Hutter, Katharina (2013): Pop-up-Stores als temporäre Kundeninspiration, in: absatzwirtschaft, 1/2-2013, http://www.absatzwirtschaft.de/pop-up-stores-als-temporaere-kundeninspiration-14772/, abgerufen am 21.12.2016

Hütz-Adams, Friedel (2014): Zwölf Jahre, Sklave. Kinder in Zwangsarbeit, in: terre des hommes. Hilfe für Kinder in Not, https://www.tdh.de/fileadmin/user_upload/inhalte/04_Was_wir_tun/Themen/Kinderarb eit/2014-06_Studie-Zwangsarbeit-bei_Kindern.pdf, Download v. 18.11.1016

IAS Plus (24.05.2013): GRI veröffentlicht G4-Richtlinien, http://www.iasplus.com/de/de/news/2013/mai/gri, abgerufen am 29.11.2016

ICTM (Institute of chemistry and technology of materials) (o. J.): http://ictm.tugraz.at/files/attachments/6848/560909_Fasern.pdf, Download v. 13.10.2016

ILO (International Labour Organization) (o. J.): ILO-Arbeits- und Sozialstandards. Der Charakter der ILO-Arbeits- und Sozialstandards, http://www.ilo.org/berlin/arbeits-und-standards/lang—de/index.htm, abgerufen am 18.11.2016

ILO (International Labour Organization) (o. J.): ILO Kernarbeitnormen. Die Grundprinzipien der ILO, http://www.ilo.org/berlin/arbeits-und-standards/kernarbeitsnormen/lang—de/index.htm, abgerufen am 18.11.2016

Industrie-und Handelskammer Nürnberg für Mittelfranken (IHK) (04/2012): Corporate Social Responsibility. Die gesellschaftliche Unternehmensverantwortung von A-Z, https://www.ihk-nuernberg.de/de/media/PDF/Publikationen/Hauptgeschaeftsfuehrung/Broschuere-Corporate-Social-Responsibility2.pdf, Download v. 01.10.2016

Institut für ökologische Wirtschaftsforschung (2004): Bedeutung der internationalen CSR-Diskussion für Nachhaltigkeit und die sich daraus ergebenden Anforderungen an Unternehmen mit Fokus Berichterstattung, https://www.ioew.de/fileadmin/_migrated/tx_ukioewdb/bedeutung_der_csr_diskussion.pdf, Download v. 01.10.2016

Knolle, Maren (2006): Implementierung von Sozialstandards in die Wertschöpfungskette von Bekleidungsunternehmen durch die Bildung von Kooperationen, http://www2.leuphana.de/umanagement/csm/content/nama/downloads/download_publi kationen/56-6downloadversion.pdf, Download v. 01.10.2016

Kommission der Europäischen Gemeinschaften (2001): Grünbuch: Europäische Rahmenbedingungen für die soziale Verantwortung der Unternehmen, http://www.europarl.europa.eu/meetdocs/committees/deve/20020122/com(2001)366_de .pdf, Download v. 01.10.2016

Konsument (29.07.2010): Markenmode aus Kinderhand?, Nr. 08/10, Seite 38 / Resort: Kinderarbeit in Usbekistan, https://www.wiso-net.de/document/KONS__0750790780830850770952010 07291530290048, Download v. 19.11.2016

KPMG (2015): Fashion 2025. Studie zur Zukunft des Fashion-Markts in Deutschland, https://assets.kpmg.com/content/dam/kpmg/pdf/2015/12/fashion-studie-dez-2015.pdf, S.34 ff., Download v. 12.10.2016

Kuhn, Lothar (2008): Triple Bottom Line? in: Harvard Business Manager, Heft 1/2008, http://www.harvardbusinessmanager.de/heft/artikel/a-622721.html, abgerufen am 15.11.2016

Langner, Tilmann (30.01.2016): Nachhaltig wirtschaften, nachhaltig reden - oder beides?Nachhaltigkeitsberichterstattung in Unternehmen, http://www.umweltschulen.de/audit/duesseldorf/ne-berichte.html, abgerufen am 16.11.2016

Lehnfeld, Marc (10.06.2013): Technische Textilien als Aushängeschild der Branche, in: GENIOS BranchenWissen, GBI-Genios Deutsche Wirtschaftsdatenbank GmbH, https://www.wiso-net.de/document/BFAM__MKT201306108001, Download v. 15.11.2016

Lexikon der Nachhaltigkeit (18.11.2015): Sozialstandards SA 8000, https://www.nachhaltigkeit.info/artikel/sozialstandards_sa_8000_1564.htm, abgerufen am 18.11.2016

Lindner, Klaus (o. J.): Der Code of Conduct der Textil- und Modeindustrie, http://www.eineweltnetzwerkbayern.de/fileadmin/assets/Publikationen/Sechster_Runder_Tisch_Bayern_Unternehmen/6_RTB_2011_-_S_45_-_47_Lindner.pdf, Download v. 19.11.2016

McDougall, Dan/Wintzenburg, Jan Boris (2007): Dieser Junge näht ihr Hemd. Erst beim Otto-Konzern, jetzt bei Esprit. Der stern deckt einen neuen Fall von Kinderarbeit auf und schildert, wie das schmutzige Geschäft mit den kleinen Sklaven funktioniert, in: Stern vom 12.06.2007, http://www.stern.de/wirtschaft/news/esprit-dieser-junge-naeht-ihr-hemd-3273854.html, abgefunden am 01.12.2016

Museum für Kunst und Gewerbe Hamburg (MKG) (2015): Fast Fashion. Die Schattenseiten der Mode, http://www.fastfashion-dieausstellung.de/content/MKG_Fast_Fashion_Pressetext.pdf, Download v. 08.10.2016

My Coach- Deutsches Institut für Kompetenzentwicklung (o. J.): Mitarbeitergetragenes Corporate Social Responsibility (CSR), http://www.mycoach-institut.de/flashslider/pdfs/MitarbeitergetragenesCorporateSocialResponsibility(CSR).pdf, Download v. 01.10.2016

Nedeß, Christian/Barck, Nils (2012): Produktionsverlagerung in Niedriglohnländer? Deutsche Unternehmen investieren zunehmend in Produktionsstätten im Ausland, https://www.tuhh.de/tuhh/uni/aktuelles/spektrum/mai-1998/produktionsverlagerung-in-niedriglohnlaender.html, abgerufen am 11.10.2016

Neugebauer, Carolin/Schewe, Gerhard (23.12.2014): Wirtschaftsmacht Modeindustrie – Alles bleibt anders, in: Bundeszentrale für politische Bildung (bpb) http://www.bpb.de/apuz/198384/wirtschaftsmacht-modeindustrie-alles-bleibt-anders?p=all#footnode1-1, abgerufen am 10.10.2016

Neuhäuser, Christian (2012): Drei Dimensionen der Verantwortung von Konsumenten und Unternehmen, in: Zeitschrift für Wirtschafts- und Unternehmensethik (zfwu), Jg. 13 / Heft 3, http://www.zfwu.de/fileadmin/pdf/3_2012/zfwu_13_3_11_Neuhaeuser.pdf, Download v. 01.10.2016

Novy, Kristina (2012): Corporate Social Responsibility in der Textilindustrie: Welchen Einfluss haben „Codes of Conduct" von Modeunternehmen auf die Arbeitsbedingungen von Fabrikarbeiterinnen in Indien? – Eine literaturgestützte Problemanalyse am Beispiel des „Sumangali"-Schemas, https://www.uni-olden-burg.de/fileadmin/user_upload/materiellekultur/Studien_zur_Materiellen_Kultur/Band04_Novy_CSR_Sumangali_2012, Download v. 01.10.2016

Oberhofer, Petra (2011): Lohas. Eine Zielgruppe mit hohen Ansprüchen, erschienen (15.03.2011), http://www.business-wissen.de/artikel/lohas-eine-zielgruppe-mit-hohen-anspruechen/, abgerufen am 14.10.2016

Oberhuber, Nadine (13.05.2014): Ökoboom. Grün, grün, grün sind alle meine Kleider. Ökostoffe sind gesund, sehen gut aus. Und kosten nicht mal mehr als konventionelle Kleidung, in: FAZ (Frankfurter Allgemeine Zeitung) vom 13.05.2014, http://www.faz.net/aktuell/finanzen/meine-finanzen/geld-ausgeben/oekomode-liegt-voll-im-trend-die-angesagtesten-label-12933625.html, abgerufen am 20.11.2016

OECD (Organisation for Economic Co-operation and Development) (o. J.): Ziel der Organisation für wirtschaftliche Zusammenarbeit und Entwicklung, https://www.oecd.org/berlin/dieoecd/, abgerufen am 18.11.2016

Otto Group (2015): Unterwegs. Bericht zur Nachhaltigkeit unserer Wertschöpfung 2015, http://www.ottogroup.com/media/docs/de/Nachhaltigkeitsbericht/0001-Otto-Group-CR-Report-2015.pdf, Download v. 22.11.2016

Otto Group (2016): Verantwortung, http://www.ottogroup.com/de/verantwortung/, abgerufen am 22.11.2016

Pachali, David (2011): Die ISO 26000: Gesellschaftliche Verantwortung nach Maß?, in: RESET – Smart Approaches to Sustainability, https://reset.org/knowledge/die-iso-26000-gesellschaftliche-verantwortung-nach-mass, Download v. 18.11.1016

PETA (2014): Internationaler Modekonzern Esprit bringt neue Sneakerkollektion auf den Markt: "PETA-Approved Vegan". Modemarke setzt sich mit stylishem, lederfreien Design in seinen Läden und im Onlineshop für Nachhaltigkeit ein, http://www.peta.de/internationaler-modekonzern-esprit-bringt-neue-sneakerkollektion-auf-den-markt#.WEQuuLLhDIV, abgerufen am 01.12.2016

Primark (2016): Unsere ethischen Prinzipien, https://www.primark.com/de/unsere-ethik, abgerufen am 24.11.2016

Primark (2016): Unsere ethischen Prinzipien, https://www.primark.com/de/unsere-ethik/our-performance/our-partners, abgerufen am 25.11.2016

prmagazin (2016): Pressestellentest: Modeunternehmen. Antworten von Esprit, http://www.prmagazin.de/meinung-analyse/hintergrund/pressestellentest-modeunternehmen/antworten-von-esprit.html, abgerufen am 07.12.2016

PWC (2013): Die Modebranche im Umbruch. Zukünftige Hebel zur Wertsteigerung, ursprünglich von Booz & Company veröffentlicht. 2013 http://www.strategyand.pwc.com/media/file/Die-Modebranche-im-Umbruch.pdf, Download v. 12.10.2016

Räth, Georg (2012): WeGreen launcht erste grüne Suchmaschine, in: GründerSzene vom 16. Mai 2012, http://www.gruenderszene.de/interviews/maurice-stanszus-wegreen, abgerufen am 01.12.2016

Rohrer, Julian (30.04.2013): Der viel zu hohe Preis der Billig-Klamotten, in: Focus Money Online, aktualisiert am Dienstag, 30.04.2013, http://www.focus.de/finanzen/news/tid-28299/kleidung-aus-billiglohn-laendern-in-fast-jedem-kleiderschrank-stecken-billig-klamotten_aid_868874.html, abgerufen am 10.10.2016

Schrot & Korn (2013): KarmaKonsum Konferenz 2013: Neue LOHAS-Studie, veröffentlicht am 27.03.2013, https://schrotundkorn.de/news/lesen/karmakonsum-konferenz-2013-neue-lohas-studie.html, abgerufen am 20.10.2016

SGS - International Certification Services GmbH (o. J.): Nachhaltigkeit. SA 8000-Zertifizierung – soziale Verantwortung, http://www.sgsgroup.de/de-DE/Sustainability/Social-Sustainability/Audit-Certification-and-Verification/SA-8000-Certification-Social-Accountability.aspx, abgerufen am 18.11.1016

Siegelklarheit (2016): Siegel nach Produktgruppen, https://www.siegelklarheit.de/home, abgerufen am 19.11.2016

Statista (2016): Umsatz* von ESPRIT in Deutschland in den Geschäftsjahren von 2008/09 bis 2015/16 (in Millionen Euro), https://de.statista.com/statistik/daten/studie/262156/umfrage/umsatz-von-esprit-in-deutschland/, abgerufen am 29.11.2016

Statista (2016): Umsatz von ESPRIT weltweit in den Geschäftsjahren von 2002/03 bis 2015/16 (in Millionen Euro), https://de.statista.com/statistik/daten/studie/158895/umfrage/umsatz-der-marke-esprit-weltweit-seit-2004/, abgerufen am 29.11.2016

Stefanie Hiß (2009): Corporate Social Responsibility – Innovation oder Tradition? * Zum Wandel der gesellschaftlichen Verantwortung von Unternehmen in Deutschland, in: Zeitschrift für Wirtschafts- und Unternehmensethik (zfwu), Jg. 10 / Heft 3, http://www.zfwu.de/fileadmin/pdf/3_2009/zfwu_10_3_09_Hiss.pdf, Download v. 01.10.2016

Stiftung Jugend und Bildung, Berlin (2012): Mit Verantwortung sozial und ökologisch handeln. Thema: Corporate Social Responsibility (CSR), http://www.jugend-und-bildung.de/files/955/CSR_Lehrermappe_2012_aktualisiert.pdf, Download am 19.11.2016

SÜDWIND e.V. (2012): Arbeitsrechtsverstöße in Indonesien. Was können Investoren tun?, http://www.sauberekleidung.de/images/05_pdf/2012/2012-12-01_Arbeitsrechtsverstoesse.pdf, abgerufen am 01.12.2016

terre des hommes (2014): Zwölf Jahre, Sklave. Kinder in Zwangsarbeit, https://www.tdh.de/fileadmin/user_upload/inhalte/04_Was_wir_tun/Themen/Kinderarbeit/2014-06_Studie-Zwangsarbeit-bei_Kindern.pdf, Download v. 18.11.2016

Theuws, Martje/Overeem, Pauline (10/11 2014): Löchrige Kleider: Der Missbrauch von Mädchen und jungen Frauen in der Textilindustrie Südindiens, http://www.sauberekleidung.de/images/05_pdf/2014/Lochrige Kleider.pdf, Download v. 18.11.2016

Uchatius, Wolfgang (2010): Spurensuche der Herstellung. Warum man T-Shirts für fünf Euro kaufen kann, in: Handelsblatt, 23.12.2010, ursprüngliche Quelle: Zeit Online, http://www.handelsblatt.com/unternehmen/handel-konsumgueter/spurensuche-der-herstellung-warum-man-t-shirts-fuer-fuenf-euro-kaufen-kann/3746394.html, abgerufen am 20.10.2016

Umweltbundesamt (15.08.2014): Die Textilindustrie in Deutschland, https://www.umweltbundesamt.de/themen/wirtschaft-konsum/industriebranchen/textilindustrie, abgerufen am 10.10.2016

Voge, Ann-Kathrin (2014): Zwölf Jahre, Sklave. Kinder in Zwangsarbeit, in: terre des hommes. Hilfe für Kinder in Not, https://www.tdh.de/fileadmin/user_upload/inhalte/04_Was_wir_tun/Themen/Kinderarbeit/2014-06_Studie-Zwangsarbeit-bei_Kindern.pdf, Download v. 18.11.1016

Webermann, Jürgen (24.04.2014): Bangladesch. Blutige Billigkleidung, Ein Jahr nach Einsturz des Rana Plazas, http://www.deutschlandradiokultur.de/bangladesch-blutige-billigkleidung.979.de.html?dram:article_id=283587, abgerufen am 25.11.2016

WeGreen (2016): Die WeGreen® Nachhaltigkeitsampel. Wie berechnen wir unsere Nachhaltigkeitsampel?, http://wegreen.de/de/wegreen-nachhaltigkeitsampel/, abgerufen am 01.12.2016

WeGreen (2016): wegreen Nachhaltigkeitsampel, Esprit, http://wegreen.de/#!/hersteller/Esprit/nachhaltigkeit, abgerufen am 01.12.2016

Weis, Florian (22.05.2014): Definition Ethik – System zum Denken und Handeln, in: http://www.business-on.de/ethik-definition-ethik-_id40857.html, abgerufen am 16.11.2016

Wirtschaftslexikon (o. J.), Springer Gabler Verlag (Hrsg.), Stichwort: Flagship Store, online im Internet: http://wirtschaftslexikon.gabler.de/Archiv/82801/flagship-store-v6.html, abgerufen am 21.12.2016

Wirtschaftslexikon (o. J.), Springer Gabler Verlag (Hrsg.), Stichwort: Greenwashing, online im Internet: http://wirtschaftslexikon.gabler.de/Definition/greenwashing.html, abgerufen am 21.12.2016

Zeit Online (23.08.2011): Greenpeace warnt vor giftiger Wäsche, http://www.zeit.de/wissen/umwelt/2011-08/kleidung-greenpeace-chemie, abgerufen am 25.11.2016

Die Autorin

Viktoria Fenzel wurde 1988 in Pawlodar geboren. Ihr Studium der Betriebswirtschaft an der Fachhochschule Dortmund schloss die Autorin im Jahr 2017 mit dem akademischen Grad des Bachelor of Arts erfolgreich ab. Die Autorin verschlug es für eine unbestimmte Zeit nach Lissabon, wo sie für eine Modemarke tätig ist.